明史

这个明史超有料

李翔斌——著

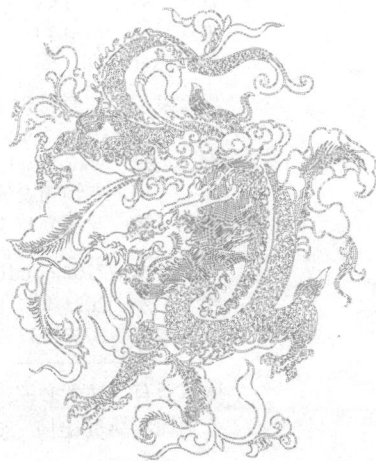

应急管理出版社
·北京·

图书在版编目（CIP）数据

这个明史超有料／李翔斌著．－－北京：应急管理
出版社，2021

ISBN 978 - 7 - 5020 - 7957 - 4

Ⅰ.①这…　Ⅱ.①李…　Ⅲ.①中国历史—史料—明
代　Ⅳ.①K248.06

中国版本图书馆 CIP 数据核字（2021）第 074092 号

这个明史超有料

著　者	李翔斌	
责任编辑	高红勤	
封面设计	仙　境	

出版发行　应急管理出版社（北京市朝阳区芍药居 35 号　100029）
电　话　010 - 84657898（总编室）　010 - 84657880（读者服务部）
网　址　www.cciph.com.cn
印　刷　三河市金泰源印务有限公司
经　销　全国新华书店

开　本　710mm×1000mm$^1/_{16}$　印张　14　字数　198 千字
版　次　2021 年 7 月第 1 版　2021 年 7 月第 1 次印刷
社内编号　20201537　　　　　定价　45.00 元

前 言

六百年前，英法百年战争即将进入最后阶段。1420年，英国兵临法国特鲁瓦城下，亨利五世胁迫法国国王查理六世签订了《特鲁瓦条约》，亨利五世实际成为法国的摄政王，使法国沦为英法联合帝国的一部分。

这一年是中国的永乐十八年，北京的紫禁城刚刚落成，永乐帝朱棣正式下令迁都，使明帝国的政治中心由南方彻底转向了北方。

三百七十六年前，明朝最后一位皇帝朱由检自缢于煤山，中国古代历史上最后一个由汉族统领的政权宣告终结。

八年前，我在清华园游走于各个图书馆，为了我的硕士论文——明朝厂卫制度而到处收集材料。那段时间，我将所有能找到的关于明朝的书籍通读了一遍。

园子里老图书馆一楼的人文社科区收藏了国内外能排得上号的明史研究经典著作，当时新落成的人文图书馆里收藏了将近半个楼面的地方志，而我们法学院的图书馆里竟然收藏了全套《明实录》。这些书就静静地待在那，很多人甚至都不知道它们的存在，更遑论去阅读了。在阴暗的角落里，它们很长时间都无人问津，上面积满了灰尘。

不过人们对这些研究著作的冷落并不代表对明朝历史的态度，相反，明朝有着仅次于清朝的热度和影响力，在某些方面甚至还要深远。几百年前的那些典型人物、典型事件会时不时穿越时空与我们的生活发生共鸣，人们对这个最后的汉族王朝似乎有着与生俱来的亲近感。

明朝无疑是个迷人的帝国，从朝堂到江湖都给我们留下了无数故事，让人们津津乐道了几百年，并将延续无数个百年。

一个朝代能称之为帝国，并不只是因为它的疆域辽阔，而是它能够在制度、经济、文化等方面代表着当时的最高水平。在东方大陆，统一而集权的中国必然是代表着东方治理体系，与西方治理体系在全球范围内分庭抗礼。

汉唐如此，明清亦如此。

明帝国所处时期，正是全球化的开端。值此阶段，东西方文明还在沿着各自的方向往前发展，虽然方向已经截然不同，但差距还未拉开。在利益的驱使下，民间的国际贸易一直在蓬勃发展，逐渐形成了非常可观的资本规模。

但东西方统治者的交流基本为零，明帝国的统治者中除了正德帝朱厚照仅仅因为个人兴趣爱好而接见了西方使者外，其余的君主大多都是刻板的保守派。

当然，我们不能随意苛责前人。也许当我们处在他们的位置上时，我们不一定能做得比他们好。

正因如此，我们不能简单地去定义那些历史人物。他们其实和我们一样，有着漫长而复杂的人生，也有着无法逾越的时代局限和认知壁垒。我相信，他们的经历绝不是史书中寥寥数语就能概括，更不是靠那些片面的标签就能定义。

人物如此，帝国亦如此。

带着这种悲悯和同理心，我对那些被历史尘埃所掩盖的真相更加感兴趣。在人们熟知的表象之下，一定还有不为人知的细节。而通过这些细节，一定能拼凑还原出不一样的历史景象。

所以我的硕士论文选择了看起来已经有定论的厂卫制度，并且在导师的支持下，顺利地将硕士论文写成了博士论文的篇幅。通过对大量原始细节的挖掘，对明朝锦衣卫、东厂、西厂、内行厂的发展沿革，以及它们在帝国政治、经济等方面的作用进行了更加新颖的解读。

从那时起，我的心中就埋下了这样一颗种子，那就是对明朝进行更为全面的挖掘和梳理。

离开清华园后，那颗种子还在慢慢生根发芽，并渐渐长大，而这本书就像是结出的一颗果实。

在书里，我以明朝十六帝为时间轴，选择了每个时期具有争议，或者有研究价值的命题作为小切口，努力去还原当时的大背景，呈现一个不同于常规认知但更接近真实合理的帝国切面。

于是我们能看到不一样的万贞儿、汪直、刘瑾、严嵩、魏忠贤、成化帝、正德帝等人物，也能从不同视角去重新审视锦衣卫、东厂、建文帝失踪、永乐帝迁都、成化犁庭等事件。

历史总是复杂而多变的，因为立场和视角的不同，往往会有迥异的结论。但历史也会一直在原地，不会走远，静静地等着我们走过去与它对话。

李翔斌
2021 年 4 月

目 录

第一章

洪武基业——大明帝国的铁血底色

　　在历朝历代的开国之君中，如果论出身，朱元璋毫无疑问是最卑微的那个，但他的创业之路一点都不卑微，全是靠着铁血硬拼出来的。开国之君的格局从很大程度上会融入这个帝国的基因。所以朱元璋治国方略也深刻影响了明帝国。一方面，他的强硬手段为帝国打上了铁血底色，对周边地区采取恩威并施和积极主动的政策，直至宣宗朝才有所转变；另一方面，即使他将江山基业做得再大，却依然摆脱不了骨子里与生俱来的小农思想。这体现在他废除宰相、强化锦衣卫等朝廷设置方面，也体现在对皇室宗亲的供养制度上，更体现在他对马皇后、皇太子朱标、皇太孙朱允炆等至亲的观念态度上。

1. 马皇后是一个怎样的人？

雨落天垂泪，雷鸣地举哀。

西方诸佛子，同送马如来。

——宗泐

在野史记载中，朱元璋是个喜欢微服出行的人。据传，有次上元夜他在外面溜达，看到有些人的门上贴了一幅画，画中的一位赤脚妇人怀抱着西瓜。朱元璋心中暗忖道，这就是在讥讽当今皇后是淮西妇人好大脚。

于是，他下令给门上没贴这画的人家贴上福字，第二天派兵把没有福字的人家给抄了。

自此以后，江南一带家家户户在过年时贴福字，形成了新的习俗。

这则逸事当然是杜撰，不过就是民间编排出来的八卦，其中的淮西大脚妇人就是马皇后。有关马皇后的故事，除了她的贤良淑德，剩下的大概就是她的大脚了。

马氏是宿州人，幼时被父亲寄养在郭子兴家里。自小长在军中，没有裹脚也是极有可能的事情。嫁给朱元璋，帮他站稳脚跟，继而化家为国，如果不是贤良淑德之人，必然是不可能做到的。

洪武元年（1368年），朱元璋找到了马皇后的亲族，本想加官晋爵，但马皇后却说，国家的官爵是给贤能之人准备的，我的亲属未必有可用之才，而且历朝骄奢淫逸、不守法度而且祸国殃民的外戚官员不在少数，皇上真要降恩于我的亲属，只要多赏赐点财产足够他们吃穿用度就可以了。如果真有贤才，朝廷自会擢用，如果是庸才做了官，必然会恃宠至败，这不是我想要的结果。

皇帝听后，便不再提这事，也的确没有再给皇后的亲族加官晋爵。由此观之，马氏绝对当得起"贤良"二字。

马氏的三重身份

实际上，无论是当时之世，还是后世千秋，人们知道的马皇后都是非常正面的形象。当我们抽丝剥茧地分析她时，就会发现她自身做到了很多，但外部赋予了她更多。

马氏的第一重身份是作为郭子兴的义女嫁给了朱元璋。

这段婚姻在起初谈不上有多复杂，可能就是郭子兴笼络人心的手段。但对朱元璋来说，这让他进一步站稳了脚跟，在一段时间内极大地缓和了与郭子兴之间的冲突，为其赢得了喘息的时间，积累了创业路上的第一桶金。

更重要的是，作为一个父母早亡、流离失所的孤儿，他从此以后就有了家。这给朱元璋心理上带来的慰藉是无法估量的，马氏在他心里的地位无法取代，故而马氏死后，洪武朝再没有皇后。

朱元璋对马氏的坚守离不开马氏的真诚付出。朱元璋还在郭子兴军中时，遭郭子兴儿子忌妒，借口犯事将朱元璋关押，并且断其饮食。马氏就将刚烙好的饼偷偷塞在胸口带给他吃，以致胸口被烫伤，伤疤一直都在。

朱元璋定都金陵后，与吴汉陷入了持久战，马氏带领众女眷为军中将士缝衣做鞋，经常通宵达旦。这些故事不只在野史中常见于各种版本，在《明实录》中朱元璋也多次亲口提起过，可见不虚。

想来也是，他们夫妻二人都经历过人世间的至暗时刻，在性格上坚韧异常，也都是性情中人，更能互相理解扶持。

马氏的第二重身份是明朝开国后的第一任皇后，代表着新生帝国的另一面形象。

当我们去探究马皇后的历史形象，必然绕不开朱元璋的历史形象。朱元璋性格中的铁血、暴戾、冷酷无常已经是不争的事实，这是他在乱世之下生存并最终赢得天下的重要因素，更为新生的明帝国注入了强有力的铁血基因。

但帝国建设者们清楚，朱元璋自己也明白，一个国家的底色不应该只有强权的一面，还要有温情的一面，即使只是种点缀。

马氏作为开国皇后，自然是帝国最需要的那一面。展现皇后的贤良淑德，就是展现帝国的柔情。展现皇帝与皇后的伉俪情深，就是喻示着新生帝国与伦理纲常的高度契合。

皇帝与皇后既是皇室的大家长，更是天下之主与天下之母。

与普通人家一样，脾气暴躁的父亲往往只有循循善诱的母亲才能劝得住。马氏无数次在朱元璋暴怒之下劝他打消了杀生的念头。

朱元璋一开始下令造纸钞的时候，始终造不好。一日梦到神仙告诉他，应当用秀才心肝，他觉得纳闷，难道真要杀学子才能造得出来吗？马皇后说，学子们寒窗苦读数十载，他们呕心沥血做的文章功课就是心肝啊。朱元璋听后非常高兴，便下令将太学里的课簿捣碎造纸钞，果然成功了。

在野史演义中，马氏病重之际不愿意吃药，连皇帝都逼之不得。问其原因，皇后说，我知道生死有命，如今就算是华佗、扁鹊在世也无奈何啊。如果我吃了药没有效果，皇帝一定会动怒而杀掉医生，我实在不忍心让他们无缘无故就死了。最后马氏一直坚持不服药而逝世。

在实录记载中虽不如这般传奇，但也足以令人动容。皇帝因为皇后病重而寝食不安，并让大臣们遍寻名医。马氏听闻后对皇帝说，我一生没有大病，到如今病重，自知已经是回天乏术了，求医问药已没有意义。

皇帝问她是否有什么身后事嘱托，皇后答道，陛下与我都是布衣出身，能有今日尊荣，已经没什么好嘱托的了，只愿"陛下慎终如始，使子孙皆贤，臣民得所，妾虽死如生也"。这份理智、豁达也绝非常人所能及。

马氏逝世于洪武十五年（1382 年），恰巧是洪武朝的中间点，而朱元璋大肆剪除功勋贵族也大多集中在洪武朝后半段。

虽然朱元璋可能早有预谋，但如果马氏能活得再久一点，结果可能会有所不同。

对于朱元璋的做法，无论是给他打上残暴无道的标签，还是给他冠以铁腕治吏的名头，他性格中有一点至少可以肯定，那就是喜怒无常，通俗点说就是不按套路出牌。

马氏了解朱元璋的脾气秉性，对他的照顾和忍耐可谓无微不至。朱元璋的御膳都是由马氏亲自负责，有一次羹汤有点凉了，朱元璋突然生气地将汤碗扔了过去，砸伤了皇后的耳朵。但是皇后并没有抱怨，仍然神态自若地将羹汤重新热了再送进去。

伺候这样一个随时可能会炸的主子，洪武朝的臣子们对"伴君如伴虎"之说有着刻骨铭心的体会。也正因如此，马氏之于朱元璋则不仅是其起于布衣的结发妻子，更是贤良感化天下子民的帝国皇后。

马皇后死后十二日要举行小祥祭，礼部原本奏请让天下诸司都要致祭，但朱元璋却追忆了一段往事说道："虽然小祥祭是固定礼数，但所有的费用开销都取之于民，皇后在世时曾问我天下之民现在能过上安稳日子了吗？我回答说你问得很好，但这不是你该考虑的事情。皇后说陛下为天下父，我忝为天下母，天下之民都是我们的子女，他们过得好不好我怎么能不管呢。这些话如今还在耳畔，如果因为小祥祭而浪费天下民财，这绝对不符合皇后的心意。"

于是十二日的小祥祭也真就作罢了，一直到一年后才举行了一周年的小祥祭。

贤良的皇后以及听劝的皇帝，正是官员们期盼的圣明形象。

马皇后的第三重身份是朱棣的生母，这对朱棣来说是至关重要的。

马氏与朱元璋生了五个皇子与两个公主，朱棣是第四个儿子。虽然有传言说朱棣并非马氏所生，但这基本不足为信，只是因为他抢了侄子的皇位而被民间诽谤。

朱棣为了给自己找到足够正当的理由，必须要标榜自己是朱元璋与马皇后的亲生儿子，同时再给马皇后杜撰一些钟爱自己的言论，暗示本来这个皇位就应该传给我。

由于《太祖实录》是永乐朝编修的，因此里面增加了很多这种桥段。在记载马皇后去世的那一条中，前面用很长的篇幅叙述了马皇后的一些正面事迹，在最后记录马皇后的子嗣时还特意加了一段洗白朱棣的内容。

里面写道，朱棣刚生下来时就有云龙之祥，马皇后也觉得非常神奇。马皇后曾经梦到带着那几个儿子在原野间偶遇红巾军，正在不知所措之际，朱棣带了马过来，将马皇后扶上马，自己则骑着马将贼寇引开，马皇后他们从容而还。自此，马皇后便对朱棣特别钟爱。

这则故事只有寥寥几笔，缺乏令人信服的因素，更像是编撰者临时编出来的蹩脚的祥瑞预言。但这就是它存在的意义，拉上风评很高的马皇后为朱棣做背书，尽可能地抹去朱棣谋反的痕迹。

如果太子朱标死的时候马氏还在世的话，必然会将太子之位给她最心爱的四儿子朱棣，而不是皇孙朱允炆。这才是背后最核心的逻辑。

虽然马皇后身在那个特殊的时代，外部官员尤其是之后的永乐朝给她赋予了更多额外的意义，但不能否认她是一个坚强、理性，充满智慧与悲悯心的女人。

她成长于社会底层，经历过大起大落，恪守伦理纲常，一生尽心扶持朱元璋，陪伴他收拾江山、成就大业，又规劝他感化天下、收服人心，虽然没有独当一面的功绩，但也足以证明她是一个合格的妻子与皇后。

马皇后就是中国古代典型的妇人形象，依从、慈爱，所以她的谥号是孝慈高皇后。有时不禁想，如果她能再有胆识一点，那中国妇女是否可能会少受几百年的缠足之苦呢？

无论如何，马氏的伟大已足以让我们铭记。在她即将下葬的时候，风雨雷电，朱元璋很不开心。他问僧人宗泐，皇后即将下葬，为何天降雷雨？宗泐当场回答了一句偈语："雨落天垂泪，雷鸣地举哀。西方诸佛子，同送马如来。"

2. 谁才是合格的继承人？

> 大千世界浩茫茫，收拾都将一袋藏。
>
> 毕竟有收还有散，放宽些子又何妨？
>
> ——洪武年间偈语

明朝建立后，朱元璋事必躬亲地规划、设计、完善他的帝国制度。在长达31年的铁血统治时期，他马不停蹄地废除宰相、改革体制、剪除功臣、打散周边蛮族势力、分封藩王镇守边疆，只为创造一个能够江山永固、帝业永存的完美帝国。

纵使朱元璋强悍到怼天怼地，但仍然对抗不过命运，他的统治终归是要完结，而该为新生的大明帝国选择什么样的继承人，则是这位伟大的帝国设计师最后要解决的问题。

那个看似最完美的想法

朱标是朱元璋和马氏的长子。朱标于1355年出生时，28岁的朱元璋正率兵攻打南京，长子降世让朱元璋第一次体会到了为人父的欣喜，他在当地的一座山上刻石"到此山者，不患无嗣"。

此时的他应当还没有独尊天下的王者之气，对未来还处在挣扎奋进之中，所以对朱标纯粹就是一个老来得子的普通父亲对于儿子的喜爱，少时家破人亡的经历让他倍加珍惜老婆孩子热炕头的感觉。

当朱元璋于1364年自立为吴王时，他已经是雄踞一方的霸主了，眼中所图所谋的已经是整个天下。

于是，按照立嫡长子的惯例，将朱标立为世子，此时他已经有意将朱标作为储君来培养了。三年后，他派朱标赴临濠祭拜祖墓。

虽然名义上是让朱标沿途体察民情，到老家去体会一下老父亲创业的艰辛，但实际上更是个宣示性行为，让朱标去朱家老祖宗那里报个到，昭示众人朱标就是我朱元璋认可的接班人，未来就是要接我朱家江山。

朱元璋对朱标的培养可谓是不遗余力，在洪武元年（1368 年）册立为太子后，他没有采纳前朝的制度任命太子为中书令，而是令那一拨儿开国功勋老臣直接在东宫做了兼职，相当于皇帝与太子共用一拨儿臣子辅佐。

当时，左丞相李善长兼太子少师，右丞相徐达兼太子少傅，常遇春兼太子少保，冯宗异兼右詹事，胡廷端、廖永忠、李伯升兼同知詹事院事，中书左、右丞赵庸、王溥兼副詹事，中书参政杨宪兼詹事丞，傅瓛兼詹事，同知大都督康茂才、张兴祖兼左右率府使，大都督府副使顾时、孙兴祖同知左右率府使，金大都督府事吴桢、耿炳文兼左右率府副使，御史大夫邓愈、汤和兼谕德，御史中丞刘基、章溢兼赞善大夫，治书侍御史文原吉、范显祖兼太子宾客。

也就是说，基本上当时能叫得上号的人才全都直接效力于东宫。

朱元璋还特意下旨说："我在东宫不另设府僚，而是让你们兼着做，主要考虑就是我现在还要外出带兵打仗，到时必然要太子监国。如果到时你们奏请的事情，太子与你们的意见不合，那你们必然会说是太子府僚从中作梗，这样就容易产生嫌隙。另外，我还特意设置了宾客、谕德等官职，目的是辅佐培养太子的脾气秉性。"

朱元璋对于东宫制度的设计是开创性的，既让这些开国老臣能辅佐太子处理政务，培养其治国能力，更重要的是让太子能和他们尽早建立依附关系，君臣一心、荣辱与共，这样就能完美解决一朝天子一朝臣的困境。

当然，这种做法是以父子之间的信任为基础的，或者说是朱元璋对朱标的绝对信任。

如果皇帝的心胸狭窄，担心太子提早夺位，那绝对不可能把自己手下的原班人马送去东宫兼职。

比如康熙两废太子，就是因为怀疑太子心术不正，甚至直言不讳地说胤礽曾和索额图勾结起来，"潜谋大事"。

没有对比就没有伤害，朱元璋对自己儿子的确很实在，作为布衣天子，他身上还是带着民间那种强烈的朴素色彩。

那就是肉烂了还在锅里，反正都是老朱家的天下，迟早都是要交给下一辈的。老子和儿子如果再互相提防，那就太不是朱元璋的作风了。

幸运的是，朱标很成器，没有辜负老父亲的殷切期望和大力培养。

他生性仁厚，对下宽容，处理政务的能力很强，具有一代明君的潜质，可以说是朱元璋心中最完美的接班人。

可惜，朱标唯一的不完美就是身体欠佳，活不过他父亲，没能亲手接下朱家江山。

洪武二十四年（1391年）八月，朱标受命巡抚陕西，回京后就感染风寒，第二年就去世了，朱元璋痛哭不已。

史书记载只有这寥寥几笔，我们无法想象当时已是暮年的朱元璋内心有多痛苦。

十年前，妻子离他而去，如今他们的第一个孩子也追随而去，白发人送黑发人最是悲痛。朱元璋将朱标安葬在马氏墓旁，也正是希望他们母子能早日团圆吧。

朱标去世后，太子之位空悬。按照正常逻辑，是应当在剩下的儿子中再挑一个立为太子。

但朱元璋对朱标倾注了太多，以至于可能在心里已经认定大明帝国的下一任皇帝就是朱标，所以朱标之后就应当传给朱标的儿子。

也有可能，朱元璋觉得那几个儿子更适合带兵打仗、镇守藩国，杀伐太重，不是他心中理想的明君。

他也知道自己治国太重，需要后继者为社会、为朝廷松绑。因此，他选中了符合心理预期的皇太孙朱允炆，并为朱允炆清理了居功自傲的旧贵族，还亲自为朱允炆挑选了方孝孺等辅佐之臣。

朱允炆必然是清楚他爷爷的遗愿，也知道他承载着新生帝国转型的重担，因此继位后改年号为"建文"，与爷爷的年号"洪武"完美呼应。

如果他四叔能安分守己一点，朱元璋的宏图伟业一定能达成，由他们爷孙俩亲手造就明初的"文武之治"一定不输任何一个朝代。

如果是朱标继位，朱棣还敢反吗？

由于朱棣将朱标他们家的皇位给抢走了，所以刻意淡化了朱标的事迹，流传后世的史籍记载中都将朱标描绘成了一个仁厚有余而刚毅不足的形象，并且尤其强调他那柔弱不振的性格让朱元璋特别厌恶。

有一次，皇帝偷偷命人将装满尸骨的车子从太子前面推过去想刺激他，太子不忍心看，连连拊掌说："善哉！善哉！"

流传最广的是马后负逃图一事，见于多个野史记载中。

朱元璋曾经在征战中受伤被敌兵追击，马皇后一路背着他逃出生天。马皇后死后，太子将此事绘作图像，藏在怀中。

有一次，朱元璋又想大开杀戒，太子劝谏说："陛下杀人过滥，恐伤和气。"第二天朱元璋故意把一条棘杖放在地上，叫太子去拿，太子面有难色。朱元璋便说："你也知道上面有刺而不敢去拿，我现在把这些刺都给去掉了，再交给你，不就更好拿了吗？我杀的都是该杀之人，把这些都清理干净了，你才好当这个家啊！"

太子不以为然，竟然对答说："上有尧舜之君，下有尧舜之民。"朱元璋大怒，抄起凳子就追打过去，太子无意间把马后负逃图掉落在地上，朱元璋看到后，心中感念马皇后而怒气得以消除。

实际上，这些事迹的流传无非就是想说朱标不得朱元璋喜欢，只是因为长子才被立为太子。

在《太宗实录》中，甚至直接记载朱元璋经常说："以后能安定国家的，必然是燕王。"并且记载，朱标不称太祖意，朱元璋对马皇后说："我和你同起艰难，成就帝业，如今长子不合我心意，该怎么办呢？"

马皇后说："这是天下大事，我不敢多说什么，只有靠陛下你自己定夺了。"太祖说："这几个皇子中燕王仁孝，有文武才略，能抚国安民，是我中意的人选。"

皇后听后赶紧说："这话可千万不能泄露出去了，不然会让燕王大难临头啊。"

野史记载中，朱元璋本来想改立燕王为太子，刘三吾痛哭说道："太子是天下之本，就算要换的话，那还有秦王、晋王该如何是好？"理由就是燕王只是第四子，就算要换太子，他前面还有二子、三子在排着队呢。

只要我们理性观之就会发现，这些所谓不称意的说法纯属后世杜撰之言。

朱元璋在太子朱标身上从来都是无比坚决的，从培养他的秉性修养到建立他的东宫势力，可以说就是冲着百年以后接班去的。

史书中记载的那些朱元璋与朱标之间的冲突，说明只有朱标能和朱元璋对着来，更能够影响甚至改变朱元璋的决定，恰好证明了太子在朱元璋心中的地位。

反观其他的皇子，连和皇帝见面说上话的机会都屈指可数，更不要说称意不称意的事情了。

当朱标在南京城和皇帝学习治国理政的时候，朱棣只能在北京看着漫天风沙徒叹奈何。

从个人能力上来说，朱标也绝对不是一个柔弱之主。

他们兄弟几个都是生在战争年代，见惯了战火纷飞的场景，虽然他长期作为储君，没有像其他兄弟那样带兵打仗，但也绝非普通的承平之主可比。

他位居东宫期间，周旋于朝中各方势力而不失偏颇，获得了一致好评，其政治手腕不可谓不高。

朱标的第一任太子妃是常遇春的大女儿，而蓝玉又是常遇春的妻弟，这些依附于朱标的开国功勋绝对会效忠于朱标。

换句话说，如果朱标没有意外去世，那朱元璋很有可能不会发动蓝玉案，不会贸然在其治理生涯末期再来一次大清洗。

若等到朱标顺利继位，纵使朱棣将蒙古所有兵马全都收入麾下，也绝不敢有谋反之意。

一方面，朱标是名正言顺的太子继位，作为这么多年的第一顺位继承人是众望所归，就算给清君侧找再多理由也会被钉上谋权篡位的耻辱柱。

另一方面，朱樉、朱枫曾经犯事触怒朱元璋，都是由朱标为他们求情才免于被废王位。无论是朱元璋故意卖人情给朱标，还是朱标真的讲手足之情，至少这二位在明面上都是欠了朱标大大的人情，也给大哥朱标留下了重情重义的名声。

最重要的是，如果朱标顺利继位、朱棣起兵造反，那他面对的就不是齐泰、黄子澄、李景隆这些人了，而是蓝玉这一帮狠人，朱棣怎么算都知道自己打不过啊。

在立储这件事上，朱元璋绝对是深谋远虑、悉心栽培。

他对国家治理有自己的理念，对治世之君有自己的预期，对新生帝国的转型有自己的规划，所以他坚持了自己的想法将皇位传给皇孙朱允炆，结果却适得其反。

其实，如果他看开点不那么固执，真将皇位传给老四朱棣，那以朱棣的政治能力也能成就一段佳话。

只是固执如朱元璋，必定不会如此操作。

据野史记载，他曾经在一座废弃的寺庙游玩，里面已经没有僧人了，墙壁上画了一个布袋僧，墨痕犹新，旁边还题了一段偈语。虽说是暗讽他治国太重，但用来作为立储一事的注脚也颇有意味，这段偈语为："大千世界浩茫茫，收拾都将一袋藏。毕竟有收还有散，放宽些子又何妨？"

这个明史超有料

012

3. 严格来说，锦衣卫就是个仪仗队

北山虎而翼，南溟鲸而爪。生世不谐锦，衣帅作太保。

太保入朝门，缇骑若云屯。进见中贵人，人人若弟昆。

太保从东来，一步一风雷。行者阑入室，居者领其颏。

太保赐颜色，黄金立四壁。一言忤太保，中堂生荆棘。

缇骑走八方，方方俱太保。太保百亿身，所至倏如扫。

鸡鸣甲舍开，争先众公卿。御史给事中，不惜称门生。

——王世贞《乐府变十章其九·太保歌》（节选）

经过后世民间小说与影视作品的演绎，穿着飞鱼服、佩着绣春刀的大明锦衣卫成为洪武帝朱元璋的固定标签之一。在人们的普遍认知中，锦衣卫之于朱元璋，就如同东厂之于朱棣，都是他们身上见不得光的黑暗面。

这种印象无可厚非。人们知道锦衣卫诞生于朱元璋之手，也知道锦衣卫承担着情报职责，于是自然就将二者联系在一起，与朱元璋的阴险相伴相生。

洪武十五年（1382年），朱元璋改仪鸾司为锦衣卫，从三品机构。两年后，提高为正三品。仪鸾司是隶属于拱卫司，专司卤簿仪仗的机构，负责朝廷礼仪、直驾侍卫，实际上是个标准的仪仗队。

那锦衣卫到底是如何演变成为具有特务性质的机构呢？它真如人们想象中的那样只手遮天吗？它真实的建制、人员组成和现代影视剧中演绎的差别到底有多大呢？

为礼仪而生的锦衣卫

朱元璋设立锦衣卫是为了将朝廷礼仪程序以政府官制的形式确定下来，并希望传承下去。

在新政权建立之初，政府的一个重要工作就是制定各项礼仪程序。打天下的时候君臣可以不必拘礼，毕竟是在战场上一同出生入死的袍泽兄弟，不可太过生分。

但在坐天下的时候，君臣之间就要分出个高低尊卑，这样才能让大家知道谁是主子，谁是臣子。

洪武朝初期，朝廷的礼仪程序和细节在不断完善和修改，及至洪武中期才正式确定下来，其间也有过一些逸闻。

据野史记载，徐达的夫人身材魁梧、臂力惊人，又常年随徐达征战南北，故而性格豪爽。明朝开国后，有次入宫觐见皇后，可能是觉得相识多年的老姐妹之间唠家常，便毫无忌讳地说："我家不如你家。"

言者无心，听者有意，皇后将此话传给了朱元璋，更猜测她估计没少给徐达吹这种枕边风，一下子惹恼了朱元璋，之后便召进宫来处理掉了。

虽然此事多为杜撰，但也可见开国之初君臣间微妙的心理变化。

锦衣卫的机构建制及人员组成也随着中央政府礼仪制度的完善而日趋稳定，及至后朝，其机构设置再没有发生过太多改变。

据《明史》记载，锦衣卫除了銮舆、擎盖、扇手、旌节、幡幢、班剑、斧钺、戈戟、弓矢、驯马十司外，还包括上中、上左、上右、上前、上后、中后六亲军所，分领将军、力士、军匠。

另外还有驯象所，真的就是养大象的部门，以供朝会陈列、驾辇、驮宝。在这些机构之上，还设立了专门的管理部门，包括经历司、镇抚司，以及大名鼎鼎专管诏狱的北镇抚司。

锦衣卫到底有多少人?

锦衣卫的领导成员有以下几部分组成。最高的领导仅一人，为都指挥使，正三品官阶；佐官有指挥同知二人，从三品，指挥佥事二人，四品；南、北镇抚使二人以及各所千户，皆为正五品；各部门之下管理职位有副千户（从五品）、百户（正六品）、试百户（从六品）、总旗（正七品）、小旗（从七品）。除了领导外，下面干活的主要就是将军、校尉、力士、军匠以及象奴等人员。

锦衣卫里的将军最初名为天武将军，在划归锦衣卫之后才称为将军。虽然名号很好听，但并不是率兵打仗的统帅，而是负责朝廷侍卫、礼仪的专门人员，说好听点叫御前带刀侍卫，说通俗点就是保镖。

"执金瓜，披铁甲，佩弓矢，冠红缨铁盔帽，列侍左右。如大朝会，则披金甲金盔帽，列侍殿庭。"其来源主要是通过选拔以及符合条件的父亡子替、兄终弟及的世袭方式。

在将军序列中还有一类更高级别的大汉将军，这一称呼最早可能出现在永乐朝，正式确立相关制度可能是在正统、景泰年间。

大汉将军的职责主要是随驾侍卫，而且比锦衣卫中一般的将军要更加贴身保护皇上，所以它的护卫任务、待遇及地位要高于锦衣卫中一般的人员。大汉将军的统领是由皇帝单独任命的，而且一般都是高级军官。

在《明实录》等官方记载中，并没有把大汉将军独立于将军群体，因此锦衣卫中将军的人数也是包含了大汉将军。

比如，弘治十五年（1502年）正月，管大汉将军驸马都尉樊凯奉旨会同锦衣卫选侍卫官旗将军，"请留年力精壮一千三百六十二人"；嘉靖三十四年（1555年）四月，兵部右侍郎沈良才等奉诏查选侍卫官旗将军，"应革二百三人，应存留一千二百八十六人"；万历四十六年（1618年）七月，后府等府、管大汉将军保定侯梁世勋会同河南道御史卢谦查点将军，"见在食粮一千四百八名"。

由上述记载可知，锦衣卫中将军的常规数量是在一千四五百左右，而大汉将军是包含在其中的。

因此，《明史》中的"凡朝会、巡幸，则具卤簿仪仗，率大汉将军共一千五百七员等侍从扈行"这一记载明显有误，虽然没有找到这一记载的原始资料来源，但这应该是将锦衣卫中全部的将军错认为是大汉将军才形成的观点。

锦衣卫中的校尉主要职责是"擎执卤簿仪仗，及驾前宣召官员，差遣干办"，虽然和将军一样都参与朝廷礼仪，但将军注重的是护卫和列侍殿廷，以资壮观，而校尉则是负责跑腿听使唤的差事。事实上，校尉是明代军队的组成人员，有点类似于部队里的通勤人员。

由于校尉的职业要求低，所以选拔标准自然没有将军高，这也导致了校尉成员是锦衣卫中最容易扩张的部分。

其来源最早是在民间招募，据《明实录》记载，洪武十二年（1379年）四月，"遣仪鸾司典仗陈忠往浙江杭州诸府募民，愿为校尉者，免其徭役，凡得一千三百四十七人"。

及至洪武二十五年（1392年）八月，"赐锦衣卫校尉三千三百余人钞各五锭"，人数已经扩充了两倍有余。

在御前听差的校尉具有得天独厚的优势，再加上其本身就隶属于政府军事建制的一部分，皇帝会越用越顺手，久而久之便成了皇帝命令的最直接和最有效的执行者。

及至东厂、西厂、内行厂建立后，厂的办事人员都是从锦衣卫校尉中抽调的精英分子。他们虽然干了一些不合规矩的事情，但也只是听命于皇帝的执行人员，实不应当承受那些历史的污名。

相对于锦衣卫中的将军和校尉，力士的数量更多，而且职责显得更普通，大多是随驾扈从，负责卤簿仪仗，因此也都是直接从平民百姓中抽调出来的。

洪武十八年（1385 年）六月，从各地抽选了一万四千二百多名民丁作为力士，分派到锦衣卫中。朱棣刚一即位，又从陕西、河南、山西、山东、凤阳等地抽选了三千五百名力士。

锦衣卫除了上述的将军、校尉、力士等主要组成人员外，还有一些组成人员，比如军匠、归顺的外族人员、恩荫寄禄于锦衣卫的贵戚后代等。

这些人员虽然是锦衣卫的一部分，但他们所承担的职责更加简单，甚至有些恩荫寄禄者是只拿工资不上班的。

总的来说，在锦衣卫设立之初，是按照明代军事卫所的建制来设立的。锦衣卫中有将军一千五百人左右，校尉三千三百人左右，两者加起来有四五千人，与一般的卫所人数相当。

但是除此之外，锦衣卫下面还管着大量的力士，虽没有直接记载其数量，但可以推断至少有一万人。

锦衣卫真能只手遮天吗？

锦衣卫成立之初的核心职能就是皇帝的御前护卫和仪仗队，顺带完成皇帝直接交办的任务，因此锦衣卫的官员就是和其他外廷军官一样的身份，并没有特殊性。

洪武二十九年（1396 年）十月，朱元璋将锦衣卫指挥佥事宋忠提拔为指挥使。十一月，锦衣卫中有个百户犯了死罪，想自己当面向皇帝求情。锦衣卫指挥使宋忠便向皇帝转达此意，但皇帝没有同意。

本来就是一件小事，没想到监察御史因为此事而弹劾宋忠，指责其市恩沽名。朱元璋说，宋忠率直无隐，不计祸福，为人请命，凭什么要问罪？而且还下诏将那个百户免死戍边。

这次危机算是在皇帝的保全下度过，但一个月之后，监察御史又上奏参宋忠"私作威福，以邀名誉"。这次宋忠没能幸免，于洪武三十年（1397年）正月，调为凤阳中卫指挥使，实为贬黜。而此时，距朱元璋将宋忠由锦衣卫指挥佥事提拔为指挥使才刚刚过去两个月。

对于宋忠此人，史料记载并不多，他究竟有没有作威作福、沽名钓誉已很难考证，不过朱元璋对他应该是信任的，将其调往凤阳卫，实际上是保护之举，让其远离朝堂纷争。

从这个例子也可以看出，锦衣卫的外官属性决定了其官员必须接受外廷机构的监督和制约，而皇帝为了尊重政府正常运行机制，在必要的时候不得不做出妥协。

锦衣卫的官员也如大多数政府官员一样，稍有不慎便陷入被人攻讦、无力辩驳的尴尬境地。

就拿锦衣卫这个群体来说，至少成立后的相当长一段时间里，他们就是一支严格意义上的仪仗队和护卫队，在之后才逐渐赋予了在一定范围内，超越正常程序之外而直接听命于皇帝的执法权、审判权和执行权。

他们内部鱼龙混杂，难免会沾染飞扬跋扈、气势凌人的劣习，因为他们就是属于正规部队编制，更何况干的是钦命的差事。

但无论如何，他们除了皇帝的信任外，并没有其他官方背书的特殊身份，更不会像后人描绘的那样在任何时候都是权倾朝野、只手遮天的存在。

第二章

永乐之世——属于铁血派皇帝的荣光

　　无论怎么修饰，也无论过多长时间，人们都不会将朱棣与朱允炆这对叔侄割裂开来看待。人们对朱允炆抱有多大同情，就会对朱棣抱有多大敌意，所以几百年来关于朱允炆下落的谜案仍然没有结论。人们还经常假设，如果朱允炆不急着削藩，会不会拥有完全不一样的结局？其实，尘埃散去就会发现，喧扰了四年的靖难之役无非就是皇家内部政权的你争我抢，最后老朱家那个最像父亲、最能打的儿子赢了。当我们重新审视永乐朝时，就会发现承继了父亲铁血荣光的朱棣在迁都北京、亲征蒙古、占领安南等方面展现出的眼光格局。诚然，成就雄图伟业耗费了无数的人力财力，而这些武功又很难说是必须实施的，所以永乐朝到底当不当得起盛世之名，恐怕也只能留在纸面上讨论。

1. 建文帝真的不应该削藩吗？

> 小小板桥斜路，深深茅屋人家。
>
> 竹坞夕阴似雨，桃源春暖多花。
>
> ——姚广孝《题画》

朱允炆除了在年号上承继了他祖父的遗愿外，其他在继位后的施政策略并没有得到他祖父的真传。

虽然他的官方记载很少，但可以肯定的是他登基后立马着手改革体制，大幅提高文官地位，扭转了明朝开国初期重武轻文的传统。

当然，建文朝影响最大的莫过于削藩，因为他还没来得及干其他事。

如何评判建文削藩，是后世一直争论不休的话题。

看待历史最忌讳的就是用本时代意见去代替历史意见，也就是说我们后人不能站在上帝视角轻易用结果去评判过程，而应以当时之人的角度去看待当时之事。

建文削藩是必然之举吗？

朱允炆作为受过系统教育的储君，一定熟读历史，所以他知道一个承平之主的身边肯定是群狼环伺。

他爷爷已经很贴心地帮他清理掉了那些桀骜不驯的开国勋贵们，朝廷里那些不老实的文臣武将都被打压得大气不敢喘，留下来辅佐的心腹都是饱读诗书的大儒，必能让天下子民诚心归服。

为了加强中央集权，保障中央朝廷安全，他爷爷还精心设计了藩王镇边制度，将亲生儿子派到重镇领兵，以拱卫朝廷。

这些藩王们只是相当于领兵打仗的总兵，与汉朝那种封地建国完全不可同日而语，更像是明帝国的第一道防线。也正因如此，朱元璋通过这种设计不仅保证了藩王势力难以与中央政府抗衡，也是用自己人给皇位上了保险，确保皇位永远姓朱。

新生的大明帝国经过朱元璋几十年呕心沥血的经营，总算初具规模，各方面制度运行基本走上了正轨，终于可以放心地将这偌大一份家业交给孙子了。

对于孙子能不能震慑住儿子，他也不是完全没有顾虑。

在最初分封藩王的时候，也曾有人提醒过他。

洪武九年（1376年），叶伯巨上书指出藩王分封太过奢靡，容易给后世埋下隐患。但朱元璋却暴怒，认为叶伯巨妄议皇族内务，"离间皇帝父子骨肉之情"，于是下令处死叶伯巨，之后无人再敢触逆鳞。

说到底，还是因为朱元璋骨子里传统的小农思想，只要天下是咱老朱家的，家里人之间都好商量。

朱元璋没有想到，成为太子之后的朱允炆问了他一个问题："如果那些藩王们都图谋不轨的话，那时该怎么办呢？"朱元璋没想到此时的朱允炆就已经在琢磨这些事了，便反问他想怎么做。

朱允炆说："先用恩德感化，用礼数约制，不行的话就削地盘，再不行就废掉王位，实在不行就举兵讨伐。"朱元璋点头表示赞许。

且不论这段对话的真假，但凡是受过传统教育的人说出这样的话一点都不稀奇，更何况是朱元璋一手培养的储君。

然而，等朱允炆一坐上龙椅，就把这些承诺全忘得一干二净，屁股还没坐热就开始对叔叔们动起了脑筋。

当然，朱允炆很有可能是故意当着他爷爷的面才说了这些仁义之举，毕竟他知道朱元璋是个很传统的人，更何况此时已经是个风烛残年的老人，经历了亲人相继离去，白发人送黑发人，断然不想见到自己家里人刀兵相向。

但在朱允炆的心里也许早就已经想好了计划，只等他主宰的那一天。

在他还是皇太孙时，一日在东角门问黄子澄："那些王爷都手握重兵，该怎样牵制他们呢？"黄子澄举了汉朝平定七国之乱的例子，朱允炆听后非常开心，说："得先生谋，吾无虑矣。"

等到他继位后，再一次问黄子澄："先生可还记得当年在东角门下说的话？"黄子澄说，当然不敢忘，但是此事需要秘密商议。

之后黄子澄与齐泰一起谋划，齐泰想先拿实力最强的燕王开刀，但黄子澄却认为燕王有功无过，为了争取舆论支持，可以先从周王开始，从而削弱燕王联盟势力。再往后的故事就是按照他们既定的剧情来展开了，

洪武三十一年（1398年）七月，以周王次子告发父亲谋反为理由，派曹国公李景隆以备边之名经过开封，将周王全家押回南京，废为庶人，迁往云南蒙化。

讽刺的是，当时周王次子还只是个十岁的孩子。

建文元年（1399年）四月，又削齐、湘、代三位藩王，废为庶人。湘王被人诬告，不堪受辱，为保名节举家自焚。齐王被软禁在南京，代王被软禁在封地大同。

两个月后，将岷王废为庶人，迁往漳州。速度之快，手段之狠，很难让人相信这是在他继位后因形势所迫而采取的策略，绝对是场蓄谋已久的清理。

其实站在建文朝君臣的角度上来看，无论历史重来多少次，他们必然会选择削藩，而且不会采取缓兵之计，一定是以雷霆之势不给藩王们喘息的机会。

朱允炆的身边是以方孝孺、齐泰、黄子澄为代表的文官集团，在他还是储君的时候就已经深受其影响。

他们饱读诗书，历朝历代的兴亡更替早就烂熟于心。在他们眼里，藩王不只是拱卫朝廷的盾，更是随时可能直捣王庭的矛。

再加上各大藩王是现任皇帝的长辈，能在表面上对皇帝尊重点就不错了，对于朝廷和普通官员根本不会放在眼里。

为了强化中央集权，保证朝廷的权威，避免藩王形成尾大不掉之势，这些隐患必须要尽快解决。

所以，在那些文官的影响下，削藩之策必然是在朱允炆登基之前就已经谋划定了的，这是建文朝必然会走上的一条路。

我说过勿使朕有伤叔之名吗?

从另一个角度来说,支撑建文朝君臣如此快速而且坚决地削藩正是他们的强大自信心。

朱允炆从他爷爷手中承继的是一个朝气蓬勃的帝国,中央对地方有着绝对的控制权。

如果仅从表面上来看,藩王军队无论如何都不具备与王师抗衡的实力和勇气。

当文官们坚持将"君要臣死,臣不得不死"的忠君理念试验推广到藩王头上时,他们自以为有足够强大的帝国军队作为后盾,就算有狗急跳墙的危险也会轻而易举地被掐灭。

因此可以想见,当听到北方的燕王起兵造反时,他们内心根本不会太在意。

他们肯定会和朱允炆说,历朝历代从来没有过藩王造反成功的先例,这次也不例外。

名义上,皇上是名正言顺的天子,燕王就是谋反的乱臣贼子,人人得而诛之。

人数上,燕王帐下才多少人马,就算他把宁王拉下水获得了朵颜三卫,也无非就是一些拉拢过来的散兵游勇,与帝国的正规军怎可相提并论。

再说,从北京一路过关斩将打到南京,中间又隔着大山大河,谈何容易,光是想想都要好长时间,就算几百年后的高铁都要坐半天时间啊。

后人不能随便说他们当时说的纯属忽悠朱允炆,因为换作任何人面对那种局势都会做出这种判断,包括朱棣。

只是已经被逼到无路可走,不起兵就是等死,起兵或许还有一线生机,至少能增加谈判的筹码,换条活路。

当朱棣在做最后一搏的时候,朱允炆和那帮大臣们在朝堂之上对此却嗤之以鼻。

在听了他们一番有力的论证后,朱允炆也相信朱棣只不过是垂死挣扎,很有可能兴致一起便随口多说了一句,你们去平叛没问题,但是下手轻点,给朱棣留个活口,"勿使朕有伤叔之名"。

这句话在各种版本的野史中都有出现，无论引述者是想表达朱允炆的仁义导致引火烧身，还是想表达朱允炆的迂腐，都不大能证明朱允炆曾经正式下达过这样的旨意。

当他把前面几个叔叔都整得那么惨，甚至逼得湘王举家自焚的时候，他的名声早已经没有了。

正愁没有由头处理燕王的时候，燕王却自己跳出来给了朝廷一个非常正当的理由——平叛，这还不抓住机会往死里整？都刺刀见红了，怎么可能还玩那些虚的。

当然也不排除朱允炆真的像上面猜测的那样，私下聊天的时候说过这话，但这其中更多的是戏谑、轻敌，甚至是想活捉朱棣以当面羞辱展示皇威的私心作祟。

如果朱允炆能看到后人对这句话的演绎，估计会气得吐血："我真说过这话吗？"

坑队友不可怕，卧底才可怕。

当然，好事之人也是想用这句话来解释朱棣在靖难之役中的神奇表现。

朱棣在大小战役中都是身先士卒，带兵冲锋陷阵，虽然人数上不占优势，但一直士气高涨、战斗力爆棚，而且关键时刻都有如天助，频频扭转战局。

就这样一路打一路壮大，朝廷正规军不断将优势拱手相让，估计连朱棣都没想到最后竟然真的能入主京城。

不可否认，朱棣本身就是一名优秀的将领，在那批开国将领陆续凋零之后，此时的朝廷武将已无人能出其右。

再加上对方队友送来的助攻，成功竟然来得这么突然。

在耿炳文开局就战败身死后，朱允炆手上能用的将领只剩下了李景隆和徐辉祖，说起来都是根正苗红的将二代。

徐辉祖是徐达的儿子，他姐姐正是朱棣的王妃，还有个不安分的弟弟徐增寿，所以平叛大任就落在了李景隆身上。

但从李景隆之后一系列的逆天操作来看，他更像是个成功的卧底，而不是个失败的将领。

李景隆虽然是开国将星李文忠的儿子，但也是靠战功得到朱元璋的赏识，是朱元璋精心挑选出来辅佐新皇帝的武将之一，按说朱元璋的识人水平应该不会太差。

他做了统帅后，率兵绕过朱棣主力，直捣朱棣老巢北京，看似用了围魏救赵之计，但实际上打北京也不尽力，竟然在快攻破时阻止了部下，目的是怕抢了功劳。

结果北京没打下来，还被火速回击的朱棣两面夹击而失败。

第二年，朱允炆让他领兵六十万，对外号称百万，再次围剿朱棣。结果又是一路溃败，简直成了送人头、送粮草的大型公益活动。

六十万大军竟然全军覆没，李景隆只身一人逃了回来。

作为帝国最高军事首领，李景隆连番上演如此玄幻的剧情，稍微有点脑子的人就算不对他的身份立场产生怀疑，至少对他的军事水平也要打上问号。

但朱允炆偏不信这个邪，力排众议，就是不处理李景隆，还不断地抬高他的地位，以显示对他的绝对信任。

最后让他守金川门，与朱棣边打边谈，但没想到他直接开门投降了。如果这都不算卧底，那就是朱允炆觉得皇位坐腻了，亲手让给了他叔叔。

朱棣登基后，李景隆被授为奉天辅运推诚宣力武臣、特进光禄大夫、左柱国，加封太子太师，并增岁禄一千石。

柱国是勋官名，明朝以左为尊，所以李景隆的左柱国高于丘福的右柱国。再加上他本来的曹国公爵位和五军都督府的官职，竟然一跃成为永乐朝前期的众臣之首。

一个敌对阵营里的直接对手，战败后竟然在胜利方的阵营里混成了第一人，这简直就是匪夷所思的事情啊，那些靖难功臣们毫无例外地都感到不公平。

但是，朱棣给出的理由是李景隆有"默相事机之功"。

这话太耐人寻味了，虽然没有明说李景隆其实就是咱们自己人，但基本上就是这个意思。每到关键时刻，哪次不是靠李景隆才逢凶化吉？没有李景隆如此高端的操作，哪来你们靖难功臣论功行赏？

朱元璋怎么也不会想到自己百年以后竟然发生了这些事情，明朝完全没有在他设计的轨道上运行。

建文承其遗志，力图开创新政，为帝国松绑，但过于自信而草率削藩却直接导致了靖难之役，朱棣成功夺嫡后又将明朝拖入了铁血统治之中。

建文朝的那四年过得轰轰烈烈，惊心动魄，但无非就是天子家事，侄子打叔叔，叔叔又来抢侄子。尘埃落定，人们发现他们俩原来都姓朱啊，这乱哄哄的天下还是那个天下，谁做皇帝都一样。

也许在史书记载中跌宕起伏、你死我活的情节也只是庙堂之上的喧嚣，对这个偌大的帝国和芸芸众生来说，并没有太强烈的感觉。

就像"黑衣宰相"姚广孝，虽然在靖难之役中功不可没，帮助朱棣成功登顶，但在事成后仍然坚持不肯还俗，或许这段历程对他来说无非就是一段过往，你方唱罢我登场，帝力于我有何哉？

相比于野史记载中姚广孝雄心抱负和足智多谋的形象，反而他写的那些诗文更近于他的内心，正如文首所摘录的那首《题画》。

这个明史超有料

2. 你对我不重要，没有你对我很重要

牢落西南四十秋，萧萧华发已盈头。
乾坤有恨家何在，江汉无情水自流。
长乐宫中云气散，朝元阁上雨声愁。
新蒲细柳年年绿，野老吞声哭未休。

——朱允炆（待考）

明初最大的疑案就是建文帝的下落，曾经让王鸿绪、邵远平、朱彝尊等前明大儒在修明史时争论不休，分为自焚身死和趁乱逃亡两种对立的观

点，最终的《明史》中将这两种观点都保留了下来。

"宫中火起，帝不知所终。燕王遣中使出帝后尸于火中，越八日壬申葬之。或云帝由地道出亡。"

由于史书记载本就模糊，相互之间既不能证实，也不能证伪，导致说服力都不足。如果没有明确的考古证据支撑，建文帝的下落将永远是个悬案。

但我们仍然可以探究关于他的下落，叔侄二人出现了哪些分歧，从而可以看出隐藏在其中的人心世故。

官方意义上的宣布死亡

在当时的官方记载中，朱允炆就是在宫中自焚而死，朱棣还特意厚葬了他。

根据永乐朝的官方记载，南京城破后场面一度混乱不堪，徐达的大儿子徐辉祖，也就是朱棣的小舅子，还领着部队与叛军展开了巷战。

朱棣入城后将人马分了四个方向，一批去监狱释放被囚禁的藩王们，一批去护驾当今皇上，一批去和徐辉祖交战，最后一批跟着朱棣作为机动部队。

那几个藩王被囚禁有一段时间了，早就听说朱棣起兵反了小侄子。他们盼着朱棣打赢，因为这似乎是他们唯一的出路，但又怕赢得太狠，朱允炆拿他们做替死鬼出气。

等到朱棣派人来解救他们的时候，内心的惊喜可想而知，见到朱棣后，兄弟几个更是抱头痛哭。长兄为父，以后就唯四哥马首是瞻。

朱棣和他们一同登上城楼。远远看见宫中起火，朱棣赶紧派人去救火。

当然，手下人不仅没把火灭了，也很自觉地没救出活口，只等着火灭了以后从废墟里拉出了两具已经烧得面目全非的尸体，告诉朱棣这是建文帝和皇后。

只怪大火烧得太突然，面对黑炭一样的两具尸体，朱棣一下子蒙圈了，不知如何是好。

他已经在脑海里预演了无数种面对建文帝时的情景，也想好了各种应对的台词，但没想到和自己打了四年仗的对手，前不久还是这个帝国的主人竟然以这种匪夷所思的方式出现在自己面前。

更重要的是，他的手下，甚至是全天下人都在等他的答案，但他根本无法判断这是否就是建文帝，或者说他无法相信坐拥天下的那个人真的会选择以死殉国。

姚广孝看出了朱棣内心的犹豫，便对朱棣轻声说："这就是当今皇上和皇后，他们死得其所啊。"

朱棣一听，立马就明白了，于是扑上去抱着尸体开始号哭起来："我的好侄子啊，叔叔我是来帮你清除奸臣的，但还是来晚了一步，你竟然被逼得自焚了啊。"伤心程度不亚于自己死了亲儿子。

朱棣为建文帝举办了葬礼，等于昭告天下，当今皇帝已经被乱臣贼子逼得自焚身死了，国不可一日无君，如今老朱家就我最适合继位天子，你们赶紧看着办吧。

接下来，就是按照老祖宗写好的称帝剧本来演了。

先是跟随朱棣的靖难将领们劝进，朱棣不能答应，还要把他们臭骂一顿，指责他们这是把他陷于不忠不孝之地。

接着，就是朱棣的弟弟们代表老朱家自己人来劝进，这天下本就是咱们朱家的江山，四哥做皇帝上对得起祖宗，下对得起子孙。

但朱棣还是不能答应，要好生宽慰一番这些藩王们，我就是奉咱爹的旨意来清君侧的，心中对皇位没有半点觊觎，没想到害死了咱家的好侄儿，我心痛难忍，现在也该回我老家了，这皇位你们谁想坐就坐。

之后还有建文朝的旧臣等各方势力都表示了劝进之意，但这还不是答应的时候。

最后一波是来自基层的百姓代表劝进，让朱棣看在天下苍生的分上赶紧登基，还百姓太平日子。

这才是最关键的时机，朱棣于是"勉为其难"地接受了百姓的请求，登基为帝。

自此，靖难之役终于以建文帝的以身殉国而画上了句号，接下来该封赏的封赏，该清理的清理。

皇宫打扫干净，清除了一切旧主的痕迹，为新主人敞开了大门，似乎那把火从来没有点燃过。

兜售流亡故事的投机者和同情者

在庙堂之上，朱允炆不仅死了，而且都埋了。但在庙堂之外，朱允炆不仅逃了，而且最后还回来了。

关于朱允炆的逃亡故事，民间有几十种版本，而且人物、细节不一而足，其实都是小说的手法。

从官方记载来看，最早兜售建文帝没有死的言论出现在永乐十四年（1406年），始作俑者是谷王朱橞，其目的是假借名义图谋造反。

据《明太宗实录》记载，朱橞一直就有不臣之心，还常派人去游说同母兄弟朱椿，朱椿也没怎么搭理他。

后来朱椿的儿子崇宁王朱悦燇得罪了他父亲，跑到了叔叔朱橞那里避避风头。但没想到朱橞竟然对外宣称这个人就是建文帝。朱椿听到后吓得魂飞魄散，这简直就是脑子有病啊，于是赶紧上奏朝廷揭发检举。

再到之后的《英宗实录》中记载，正统五年（1440年）有个叫杨行祥的老和尚脑洞大开，跑到广西思恩府自称建文帝，要官员送他回京，结果押送到京城后朝廷一查发现，这大老远的竟然送来了个精神病，便被下狱而死。

这些被记载在实录中的事情虽然都被查清是投机者表演的闹剧，没有引起什么后果，但至少说明这些说法在当时已经产生了一定影响。

当人们把建文帝出逃和朱元璋当过和尚的经历联系在一起后，朱允炆出家为僧云游四方就成为最易被社会接受的情节，不断有人为这个故事脑补新的细节，让它看起来比真相还要真实。

相传，朱元璋在临死之前给了朱允炆一个盒子，并嘱咐他这个盒子只有当你遇难时才可打开，可保你性命无忧。

等到靖难军队逼近皇宫的时候，朱允炆打开盒子，发现里面是一把剃刀、一张度牒，还有朱元璋的一封手书，写着如果你想活命的话，就拿着度牒去找个地方做和尚吧，后宫有个密道可以逃出去。如果你不想苟活，那就自尽。

朱允炆一咬牙一跺脚，选择了前者，削发而逃。

关于朱允炆年老归来的情节也有很多版本，转述一个比较有戏剧化的记载。

宣德元年（1426 年），朱允炆从江南回到了京师，上书给刚即位的宣宗说："我当时在后宫避难，从密道中逃出，后来做了几十年和尚，没有人知道我还活着。我现在已经七十岁了，来日无多，只想回归故里，不愿淹没异乡而无人知晓，这样史官也知道我不是自焚而死了。"

宣宗特意把当年旧臣找来辨别真伪，但面前这个人就是个普通的老和尚，没人能说出他到底是不是建文帝。

只有一个老宦官还记得建文帝的容貌，便找来辨认。建文帝见到他后不禁涕泗横流地说："我曾在一年七夕的时候赏赐了你三枚桃仁，你跪在台阶下吃了一枚，收起了另外两枚。我问你为什么要收起来，你说这是准备带给你父亲的。我夸你孝顺，又多赏赐了你五枚。你还记得此事吗？"老宦官听后想起确有此事，立马就跪下大哭。

之后，吏部尚书蹇义、右都御史洪英等人听说后，都来访问先朝秘事，对答毫无差错，这下才知道他真的是建文帝。

于是，宣宗将他养在诸王馆中。也有说在皇宫中特意为他修了一座庙，宫里人因不知如何称呼他，便叫他老佛。死后，宣宗将他葬在了郊外。

关于朱允炆逃出生天的说法并不稀奇，毕竟只靠两具烧成焦炭的尸体根本无法堵住悠悠众口，有人甚至认为朱棣派胡濙寻访张邋遢、派郑和下西洋实际都是为了找寻朱允炆下落，还有人专门写书详细记录了朱允炆的流亡生涯。

比如，以前翰林院侍书史仲彬的身份写的《致身录》，以前翰林院编修程济的身份写的《从亡随笔》等。这些书根本无法判断真伪，当作小说随笔倒是可以一读，但作为史籍则很难有参考价值，因为缺乏有效的记载和考古实物作为佐证。

虽然后世不断爆出有关朱允炆的遗迹，但最后都发现不过是好事者根据那些民间记载产生的牵强附会的想象罢了。

比如，近些年出现的"贵州安顺红崖天书为建文遗书"，"四川广元青川县青溪镇华严庵为帝隐跸处"等说法，其中尤其以福建宁德疑似建文墓事件为代表。

当时有专家学者认定福建省宁德市上金贝村的古墓是建文帝陵，但福建文物局很快就作出了官方辟谣，声明该墓与建文帝无关。

可以想见，只要建文帝的下落一日不明，这些猜测和流言就一日不会终止。

它们存在的意义只能说是证明了人们对朱允炆普遍抱有的同情心。

朱允炆无疑是悲剧的，除了他和大儿子下落不明外，他的生母吕氏和朱允炆的二儿子在强权下并未得到善终。吕氏是朱标的第二任太子妃，朱允炆即位后便尊吕氏为太后。靖难之役后，朱棣废黜了吕氏的太后名号，将她和幼子朱允熙迁往明东陵为懿文太子朱标守陵。

朱允熙于永乐四年（1406年）死于一场大火，之后吕氏孤独终老，连确切的去世时间都没有记载，更没有谥号追赠，被人永远遗忘在角落。

朱棣称帝时，朱允炆的二儿子朱文圭只有两岁，被称为"建庶人"，此后一直被关在监狱中，不见天日。

直到英宗复辟之后，同样受过牢狱之灾的英宗对朱文圭心生怜悯，将他放了出来居住在凤阳。

此时的朱文圭已经五十七岁，没过多久就去世了。他一生都在牢笼中度过，相传不辨牛马，不识男女，虽然他本人并不自知这种痛苦而活得最为长寿，但外人观之完全可以想到这根本不能算作人生。

在这个弱肉强食、成王败寇的社会，人们希望朱允炆没有死，更希望他活得比那个胜利者还要自由、长寿。

作为帝国第二任统治者的角色，他已经死了，但作为被强者抢了皇位的悲剧角色，他还要以一种更逍遥洒脱的姿态继续存在，以示对当权者的嘲讽，以慰藉失败的灵魂。

人们对他不只是同情心，更是同理心，所有人都曾有被更强大者碾压的痛苦感和窒息感，只能在缝隙里喘息。

云游四方的朱允炆代表着大多数人内心的向往，去探究他的下落就是在探究从强权的夹缝里逃生的可能。

因此，当十一岁的明神宗朱翊钧问他的老师、首辅张居正建文帝是否真的逃出时，张居正并没有按照官方记录来回答，而是说："国史不载此事，但以前的旧臣们传言建文帝在靖难军队入城的时候，削发披缁从密道逃走了。到正统年间，一御史发现云南某处山壁上有一首诗，其中有'沦落江湖数十秋'之句，便把那题诗的老和尚招来问话。老和尚坐地不跪，只说'我想身归故里'。一查验发现是建文帝，送入宫后再查发现确实不虚。入宫时他已经七八十岁了，再往后就没人再知道他的下落了。"

张居正还把前面那首流传甚广，相传是朱允炆所作的诗呈给了万历帝，于是很幸运地让后人在明朝官方记载和野史中都看到了这首诗。无论是否为朱允炆所作，这首诗都写尽了他一生的失意与惆怅。

3. 北方和南方，哪里的冬天比较难熬？

视下土兮福苍生，民安乐兮神攸宁，
海波不兴天下平，于千万世扬休声。

——朱棣《南京天妃宫碑》

洪武元年（1368 年），徐达攻克元大都。此时的徐达怎么也不会想到，这座基本只作为北部屏障的城市在几十年后竟然成了帝国首都。

他更不会想到，入主这座首都的不是别人，正是他的女婿朱棣。

靖难之役后，以礼部尚书李至刚为代表的官员上奏称，北平是皇帝

"龙兴之地"，应当效仿明太祖对安徽凤阳的做法，立为中都。

很难说这只是官员们的心血来潮，更大可能是揣摩上意而提的说法。

于是朱棣在接下来的时间里，不断提升北平的地位，修建宫殿和陵墓，外迁人员充实人口，直至他继位的十八年后正式迁都北平，以南京为留都。

大一统下的建都困境

朱元璋在结束了元朝的统治后，就以天下一统为目标而打造新生的帝国。彼时的南方已经成为帝国的经济中心，支撑着大半个内陆地区的发展，这是经过漫长的经营而形成的格局，已经无力扭转。

再放眼北方，自打石敬瑭割让燕云十六州给契丹后，北平一带已有四百多年脱离了汉族政权的控制，整个华北地区在靖康之难后也已经由北方民族统治了两百多年。

南北方的差异，不只是体现在米食还是面食、甜口还是咸口上，更重要的是经济、文化上的差异，以及对大一统观念和中央政府的认同感。

对于具有雄才伟略的帝国设计师来说，这是个不容忽视的问题。而要解决地域发展不均衡，最有效的办法就是以举国之力将资源有规划地倾斜，除了建都就是建立藩镇，以政府强权促进地区发展。

因此，迁都之事并不是始于永乐朝，在洪武朝开国之初就将此事摆上了议程。

在洪武元年（1368 年），朱元璋下诏以汴梁为北平，以金陵为南京，效仿周唐的京平故事。

洪武二年（1369 年），朱元璋又在其故乡凤阳营建中都，同时下令从江南移民至中都。从一开始，朱元璋就意识到北方的重要性，对于到底将京城放在南方还是北方他也迟迟拿不定主意。

一直到洪武十一年（1378 年），考虑到汴梁在城市体量上实在难以堪当首都地位，便决定罢北平，正式将南京确定为京师。

但在之后时间里，朱元璋可能还是感觉定都南京对北方势力的鞭长莫及，于是派太子朱标考察迁都北方事宜。

洪武二十四年（1391年）八月，此时已经是朱元璋晚年时期，他命朱标前往陕西巡视，同时调查秦王朱樉的言行。

朱标巡视回京后就病倒了，但在病中还将陕西地图以及建都事宜上奏给了朱元璋，并且替秦王说情开罪。

没过几个月，朱标就去世了，迁都之事就此搁浅。

既然没办法直接于北方建都，朱元璋选择了藩王戍边，将几个亲儿子打造成了帝国屏障，为老朱家的江山永固上了最后一道保险。

洪武三年（1370年），朱棣受封燕王。十年后，朱棣离开京师去了北平，正式开启了他的逆袭之旅。

当时，为了加强皇族与功勋集团的联系，朱元璋和那些开国功臣们都结成了联姻。朱棣娶了徐达的女儿，等到徐达死后，华北边防部队自然而然就受燕王节制。

北平不仅成了明朝北部边防的中心，为富庶温婉的南方地区挡住了虎视眈眈的漠北势力和漫天风沙，也成了朱棣积攒实力的"龙兴之地"，给了他日后以一部之力对抗中央王权的底气和胆识。

洪武之后，朱允炆根本没有心思，也没有这个眼界去考虑迁都的事情。作为一个生在皇宫、长在皇宫的人，他并没有胸怀天下的阅历和能力。

受身边文官的影响，他所想的是如何通过帝王权术来巩固中央集权，确保所有人都服从，所以他一即位就立即着手削藩，清除潜在危险。

即使他成功削藩，坐稳皇位，他可能也不会站在整个国家发展的角度上去思考如何施政布局，更不会在北方建都。

因为他身边的文官集团大多是南方人，更准确地说，那些开国功勋们都是淮人，迁都北方对他们来说只会侵害他们的利益，所以他们不会同意，作为听话的"明君"朱允炆当然不会产生这个念头。

然而，朱棣不是这样的人，他太像他的父亲了。漫长的藩王生涯和靖难之役，让原本就理智果敢的朱棣变得更加成熟。

当他作为帝国的统治者站在南京城俯瞰这个帝国时，他的心中绝不是凭主观好恶来决定是留在南京还是迁往北平，他深知一个纵横辽阔的国家想要维持大统一的局势需要付出多大的代价。

当建文帝和朝臣们为削藩该先从谁下手而争论时，朱棣为了防御北方的敌对势力而厉兵秣马。

身在帝国防线的最前沿，他清楚明朝应当提防的危险多在北方。

同时，当中国发展至明朝时期，已经形成了以南方之膏腴养北方之苦寒的局势。若再不给北方输血，那原本就长期游离于汉文化之外的北方地区大一统理念则越来越弱，对中央集权的认可度越来越低，埋下帝国分崩离析的隐患。

当帝国纵向的大动脉运河与横向的九边要塞相交时，这个交汇点就是北平。

如果帝国统治者不愿偏安一隅而势将北方纳入掌控，那必须要下大力气经营北平。为避免后人效仿自己逆袭之旅，朱棣不可能再以藩王镇守北平，那剩下的就只有迁都北平这最后一条路了。

天子守国门，以中央政权督促整个官僚系统为九边要塞，乃至为整个华北地区提供保障，并且确保撒出去的鹰能一直受朝廷控制。

普通人搬家叫乔迁，天子搬家叫迁都

在中国人思想里，不管是生前住的房子还是死后住的地方，都要讲求个风水宝地。中国人自古安土重迁，所以选宅慎之又慎，因为一旦选定，就不会轻易挪地方。

京师对国家来说是首都，对皇帝来说就是他的家，即帝王之宅。古代定都除了讲究地理位置外，还看重城市的气势和格局——"王气"和"形胜"。

明初定都南京，也正是考虑到了古代南京独特的地势布局。

《读史方舆纪要》中对南京的描写可谓详尽："大江当其前，南连重岭牛首、雁门诸山，凭高据深，形势独胜。"

当年孙吴建都南京，往西有荆楚屏障，往东可以掌控江浙一带的富饶资源，以曹魏之势力也无法轻易兼并。诸葛武侯曾评价南京为"钟山龙蟠，石头虎踞，帝王之宅"，王导也认为"经营四方，此为根本"。

在南方具有规模的城市中，南京绝对占据了地利优势，帝国统治者如

果想定都南方当然不会舍此而他求。

至于北京，虽然朱元璋统治时期未曾考虑过在此建都的可能性，但通过数次北伐也意识到了它在战略意义上的重要性。

北京位于华北平原北端，地形西北高、东南低，除南面外都有群山作为天然防御屏障。

其西面拱卫着有"太行山之首""神京右臂"之称的西山，其北面拱卫着属燕山山脉的军都山，其东北面仍为燕山山脉，有古北口的防御要塞，为辽东平原和内蒙古通往中原地区的咽喉。

北京东临渤海，但此时距离从渤海湾进攻北京的海上威胁还有将近四百年的时间。北京南面虽然是开阔的平原，但从南往北进攻北京也是相当于仰攻，难度较大，除了明末的李自成的军队外，几乎没有敌人走过这条路线。

因此，从地利上来说，北京在北方区域中是比较合适的城市，往北有险可据，进可攻退可守，往南易守难攻，以君临天下之势可以对内地实施有效控制，正好符合国人坐北朝南的方位习惯。

在黄训的《读书一得》中这样描写北京的地利："左环沧海，右拥太行，北枕居庸，南襟河济，诚天府之国。而太行之山自平阳之绛西来，北为居庸，东入于海，龙飞凤舞，绵亘千里。重关峻口，一可当万。独开南面，以朝万国，非天造此形胜也哉！"

黄训是成化年间进士，曾任嘉兴知县，官至副都御史。虽然这段论述不排除为官方鼓吹的成分，但对北京的地势位置描写是客观的，尤其是其中独开南面，以朝万国，正是朱棣执意迁都北京的因素之一。

现如今在大城市里买个二套房都不容易，更何况是新建个二套皇宫，朱棣整整用了十八年时间才正式将家搬到了北京。

他一俟称帝，就开始有计划地建设北京。

永乐元年（1403年）正月，朱棣就改北平府为顺天府，称作"行在"。到了二月的时候就将北平布政使司和北平都指挥使废掉，全部都由行部管。

同时，朱棣还将各地流民、南方富户等百姓迁徙到北京，给他们开出的条件是免除差役五年，以及由官方贴心"护送"。

另一方面朱棣还命令建造船只200艘，督运近五十万石粮食到北京作为军用储备粮。

两年后，朱棣又从山西等地迁徙了一万多户前往北京，之后陆续有大臣"恰逢时宜"地上奏建议在北京建造宫殿，供皇帝巡幸使用。

永乐六年（1408年）八月，朱棣在巡幸北京的诏书里说得很清楚："周朝于洛阳建都，开创了两京制度。我在统御之初就将北平升为北京，并准备在明年二月巡幸北京，由皇太子监国。"

第二年，他正式巡幸北京，并第一次以北京为准首都的地位进行北征。在此期间，凡是重大事件及四夷来朝与上表者，都去往北京行宫，只有小事才送到南京，启皇太子奏闻。

之后朱棣开始在北京昌平修建长陵，连帝陵都已经修在了北京，这相当于是昭告天下，迁都北京之意已决。

永乐八年（1410年），朱棣亲征回师后，下令开会通河，打通南北漕运。五年后完工，从此解决了北京物资紧缺的问题，避免之后出现像唐朝那样，一旦长安粮食短缺，皇帝群臣就必须去洛阳"就食"的窘境。

永乐十四年（1416年），朱棣与朝臣正式商议迁都事宜。准确地说，并不是商议，而是看看到底谁赞成谁反对，然后处理掉反对的声音。

第二年，以南京紫禁城为模板的北京紫禁城正式动工。三年后，皇宫和城市正式建成。是年九月，朱棣正式下诏："自明年正月初一日始，以北京为京师，不称行在。"

迁都虽然算是为天子搬家，但并不是简单地在北京建个新的宫殿就可以，更重要的是帝国政治中心随之迁移到北京，庞大的官僚集团以及依附于他们的人群都要一并搬到远在千里之外的新国都。

那些从北京一路跟随朱棣打到南京的功臣们自然是高兴的，北方就是他们的根据地，迁都就是衣锦还乡荣归故里。

但那些归顺朱棣的南方旧臣们则是另一番心境，放弃已经积攒的家业不说，那座新建的国都对他们来说根本就是未知数，有多少人甚至还从未踏足过那片陌生的土地。

当时的北京还没有集中供暖，寒风凛冽的冬天可比如今难挨多了。当黄沙漫天的时候，土生土长的南方人打心眼里可能就不会喜欢上这座城市。南北之间在文化、生活上的差异需要几代人才能彻底磨合。

想回家的不只朱高炽

关于迁都之事，有多少支持的声音，就有数倍于此的反对声音。朱棣靠着铁腕强权花了十八年时间，硬是把帝国政治中心迁到了北方。

即使是在正式迁都北京之后，仍然不时有反对的声音出来，劝皇帝再搬回南京。

当迁都百日的时候，北京紫禁城的奉天、华盖、谨身三大宫殿被雷击中，遭到毁坏。

虽说宫殿被雷劈是常有的事情，也的确不是个好兆头，一般被认为是上天对天子的预警，但至于说到底预警什么内容，那就是各有各的说法了。

许多官员正好借着这件事，上奏皇帝说这是老天预警迁都北京是个错误的做法，咱们还是赶紧收拾收拾回家吧。碰上这样的事，朱棣也很苦恼，但他是个有主见的人，绝不会因为这点事就改变主意。

朱棣看了这些官员的慷慨陈词颇为触动，最后决定对其中叫得最响亮的萧仪等人予以重罚，堵住了他们的嘴。

于是这些人学聪明了，既然没法改变朱棣的想法，那就想办法改变他儿子的想法。

他们幸运地发现，原来太子朱高炽也是隐约站在他们这个阵营的。

朱高炽于永乐二年（1404年）被立为皇太子，此后便长居南京，在朱棣数次北伐的时候都是由他留守南京监国理政。自永乐十九年（1421年）正式迁都北京，到朱高炽登基，他在作为国都的北京也只待了不到四年。

相比起来，他肯定更加熟悉南京，他的股肱大臣也是他在南京做太子监国时逐渐拉拢发掘出来的，都是些土生土长的南方人。因为北方来的那批人一直都陪着朱棣打仗，还没好好消停过。

这些人在朱高炽身边肯定没少给他灌输过定都北京的弊端，夏元吉等人甚至提出要把帝国的重心和资源从北方边境转移出来的方略。

所以朱高炽继位后，便立即被这些官僚集团们连哄带骗地着手南迁回家，恢复北京的行在地位，并派太子去南京主持皇宫的修缮工作。

但奈何朱高炽只在位不到十个月，如同一颗硕大的流星迅速划过明朝夜空就消失了，连带一起的还有南迁回家的梦想。

在朱高炽的遗诏中还念念不忘地提到了定都北京的困境："南北供亿之劳，军民俱困。四方仰咸南京，斯也吾之素心。"

当然，遗诏是出自官僚集团之手，自然是反映了这届官员的集体思想。

他们当时拿出应当迁回南京的理由当然不是北方的冬天没有暖气，而是从南往北运送京城的保障物资耗费过高，"东南转运输，每以数石而致一石"，使整个帝国深陷于此。

有学者研究，明朝运送一石白粮所需的费用，宣德时为三石左右，成化时为三到四石，正德、嘉靖时为四到五石，到万历时以五到六石为常，明末则飙升到八到十石。

明代弘治、正德年间，运河每年向北京输粮四百万石左右，这其中所产生的费用是惊人的，给中央政府和南方地区带来的压力可想而知。

黄宗羲在《明夷待访录》中对定都北京作了深刻的批评："江南之民命竭于输挽，大府之金钱靡于河道，皆郡燕之为害也。"

定都北京意味着对京杭大运河的依赖上升到了空前的程度。如果站在明朝的运河边上，那眼前看到的必然是络绎不绝的贡船。

沈德符在《万历野获编》里对南京贡船有专门记载。贡船都是由龙江卫、广洋卫等水军掌舵驾驶，每一种类型的物品都有专属贡船运输，并由一名相应部门的宦官监督。

比如司礼监的就负责神帛笔料，守备府则负责橄榄、茶叶、橘子等，司苑局则负责荸荠、藕等，供用库则负责稻、姜等，每当运送需要冷藏的物品，比如新鲜的梅子、枇杷、竹笋、鲥鱼等，则由尚膳监负责。

其中以鲥鱼最为特殊，每年五月十五日献祭于南京孝陵后便立即装船运输，要求必须在六月底送到京城，为的是七月初一献祭太庙，之后供御膳食用。

运送的贡船昼夜不停，每到一处便换冰保鲜，急于星火。但实际上并没有用冰保鲜，以致臭不可闻。

等到鲥鱼运到北京后，皇上还特意赏赐给朝廷重臣，以示皇恩。为了掩盖臭味，厨子们加了鸡肉、猪肉、竹笋等食物一起煮，到第二天早朝谢恩后，再由宦官们分给近臣食用。虽然朝廷是把这当作天大的荣宠，但实际上根本难以下箸。

有一个守备太监新到南方赴任，有一天突然生气地责怪厨师没有给他做新鲜鲥鱼，厨师说每顿都有鲥鱼啊。

太监还不信，便亲自去看看到底有没有鲥鱼，结果看到后非常疑惑地说："从这鱼的形状看上去是鲥鱼，但为什么没有臭味呢？"

幅员辽阔的中国并非自始就是铁板一块，东西、南北之间因为距离、气候、文化的差异带来了巨大的离心力。

对于朱元璋、朱棣这样胸怀天下的君王，他们看到了要达成天下一统的局势必须要走的路，并且有着坚忍卓绝的意志。

在经营天下的方略上，这对父子才是真正的一脉相承。

朱棣不惜代价，坚持迁都，为北方地区注入了生命力。虽然当时的北方地区缺乏持续发展的源生动力，只能靠南方输血维持，给帝国运转带来了巨大压力。

但如果偏安于南方，北方必将逐渐会淡化华夏文明的印记，背离大一统的理念，那今日的中国也可能不是这种格局。

对于迁都之事，时人多有反对，朱棣用十八年时间苦心经营，将帝国政治中心带回北方，维持了南北一统的局势。仅以此观之，就足见朱棣是一代雄主。

永乐十四年（1416 年），郑和第四次下西洋顺利归来，为纪念船队在航行中所受到的妈祖庇佑，朱棣立碑于南京天妃宫，碑文记录了航行之事，并附御诗一首，文首摘录的最后几句倒是颇能体现朱棣的心胸意气。

4. 东厂到底是什么样的存在？

吾闻学士真风流，豪气直与元气侔。

金銮殿上拜天子，叱呼宠幸如苍头。

贵妃捧砚恬不怪，力士脱靴惭复羞。

平生落魄赢得虚名留，也曾椎碎黄鹤楼，也曾踢翻鹦鹉洲。

也曾弃却五花马，也曾不惜千金裘。

呼儿换取采石酒，花间满泛黄金瓯。

醉来问明月，月映金波流。

大呼阳侯出江海，骑鲸直向北极游。

我来采石日已暮，潮生牛渚聊舣舟。

白浪一江雪滚滚，黄芦两岸风飕飕。

我欲起学士，相与更唱酬。

恐惊水底鱼龙眠不得，上天星斗散乱难为收。

草草留题吊学士，学士不须笑吾俦，磊落与尔同千秋。

——解缙《采石吊李太白》

宪宗时期，太监陈准在他提督东厂时，曾告诫手下的校尉："如果有谋逆的事件，你们可以告知于我。除此之外的事情，你们不要随意插手"。

这种命令是不是很难想象出自东厂厂公之口？

得益于现代电影电视剧的精彩演绎，东厂臭名昭著的形象深入人心，其中最有名的一届厂公非魏忠贤莫属。

但是这些观点大抵都是清人在编纂《明史》时形成的，而里面必然掺杂了对前朝政权正当性的否定以及对前朝社会治理阴暗面的夸大，故而万不可以偏概全。

作为存在了两百多年的东厂，它的发展和真实地位绝不是用诸如"恒与中官相表里"这样的几句话就能定义的。

诞生于永乐十八年的东厂

《明史》中记载东厂设立于永乐十八年（1420年），朱棣发起靖难之役后，专门靠皇帝身边的宦官刺探宫中事，因而即位后非常倚重宦官，在东安门北设立了东厂，并让亲信宦官统领，专门调查谋逆、妖言、奸恶等事情。迁都北京之后，东厂逐渐与锦衣卫分庭抗礼。

然而在《太宗实录》中对东厂却只字未提，《明史》的说法可能是来自于明人所写的野史杂记。

在天启、崇祯年间的文秉所撰《先拨志始》中记载，提督东厂的太监所持印上刻着"钦差提督东厂官校办事太监关防"字样，接受皇帝的直接命令最为密集，"盖永乐十八年所定也"。

按照《明史》的说法，朱棣是因为靖难之役中尝到了宦官作为特务、卧底的甜头才设立的东厂，但其设立的时间距离靖难成功已经过去了十八年，对于宦官的好感肯定是有的，要非得和靖难之役扯上直接关系就有点牵强了。

永乐十八年（1420年）最重要的事情就是迁都北京已经到了最后关头，北京的宫殿已经于十一月建成，朱棣正式下诏明年正月初一开始在北京上班。

整个京师瞬间人心沸腾，有人笑着打包行李坐等回家，也有人哭天抢地。

近二十年来，朱棣一直致力于迁都北京，在准备过程中，以至于迁到北京后，遇到的质疑和阻碍不计其数，其中不乏趁机搞事情的宵小之徒，或者有借助各种非常规手段延缓迁都的朝廷内部人员。

朱棣需要亲信帮助其收集情报，将不稳定因素消灭在萌芽阶段，而锦衣卫本身属于外廷官员集团，难免会徇私情，因此皇帝身边的亲近宦官就成了不二之选。

东厂设立后具体做了什么事情，史书没有记载，连第一任提督太监是谁都无从考证，但应该是在积极运转的。

几十年后的成化十八年（1482 年），万安上奏请求撤销西厂时的理由之一，就是认为朝廷已经有了稳定运行的东厂，无须再设此类机构。

他在奏疏中写道："成祖在建都北京时，防微杜渐无所不用其极。最初让锦衣卫官校暗中调查谋逆、妖言、大奸大恶等事，但为了防止外廷官员徇私包庇，便设立了东厂，命令宫内宦官提督控制，二者并行，内外相制，至今运行了五六十年，已成定例。"

由此可见，在东厂设立之前，朱棣是依靠锦衣卫来直接执行其命令、打探内外隐秘情报的，但锦衣卫的将领毕竟属于外官集团，朱棣担心的一方面是存在隐瞒包庇的可能，更重要的还担心这些将领仗着圣恩庇佑与官员勾结之后可能产生的不臣之心。

纪纲是作死派还是背锅侠？

说到朱棣对锦衣卫的不信任，则不得不提永乐十四年（1416 年）被凌迟处死的纪纲。

他是跟随朱棣的靖难功臣，深得宠幸，即位后被擢升为锦衣卫指挥使，之后又升任都指挥佥事，兼掌锦衣卫，是永乐朝前期锦衣卫的代表人物。

关于纪纲其人，《太宗实录》中记载是他恃宠而骄，骄纵横行，"朋比罔上"。

其实在早期，纪纲还是比较低调的。

建文二年（1400 年），朱棣于德州打败帝国军队，路过宿安时，纪纲不顾性命拉住朱棣坐骑，请求跟随左右效命。朱棣看他胆略过人，弓马娴熟，便将他收为帐下亲兵。

靖难之役成功后，朱棣继位，想招揽曾经写过《周公辅成王论》痛斥他的山东人高贤宁为官，但高贤宁不从，于是朱棣派曾为同窗好友的纪纲去劝说。

高贤宁对纪纲说："造反这件事特别适合你，但我拿着朝廷俸禄多年，决不能负义投降。"纪纲知道他不会轻易改变想法，便婉言劝朱棣将高贤宁放回了家。所以说，早期的纪纲有能力、有底线，能得到朱棣的信赖并不是没有道理的。

朱棣即位后，之所以让纪纲统领锦衣卫就是因为需要一个亲信去直接执行皇帝命令。

但纪纲身在高位一段时间后，明显是被权力冲昏了头脑，忘记了自己只是皇帝的工具，他手中的权力只不过是皇权的变种，开始变得肆无忌惮，甚至有了更加大胆的想法。

相传，徐皇后病故后，朱棣下令全国选美，各地送来的美人到达京师后，纪纲先挑了一部分藏在自己家中。

他查抄到已故吴王的冠服后，私自收藏在家中，并且还不时穿上过过瘾。他在家中豢养了大批亡命之徒，暗中修建隧道制造了数以万计的刀枪、盔甲和弓箭。

更为神奇的是有关他指鹿为马的故事。

永乐十四年（1416年）端午节，朱棣亲自主持射柳比赛，纪纲想模仿赵高指鹿为马的做法，试探一下朝臣们对他的态度。

他对手下庞英说："待会我会故意射偏，但你要把柳枝折下来，并且大声说射中了，看看有没有敢指出来的。"

庞英照做了，结果在场的人真的没有人敢出来纠正。这下纪纲更是昏了头，感觉自己就是一人之下万人之上了，加快实施其谋反计划。

很显然，上述这些故事不乏渲染夸大的成分，用来宣传纪纲咎由自取的行径倒是可以，但用来探究以他为代表的锦衣卫则缺乏力度。

对于纪纲在朝中的真实作为，从《明史》记载的解缙、周新之事可见一斑。

解缙是洪武朝的进士，因才学高而好直言被忌惮，屡遭贬黜。朱棣称帝后，解缙升任翰林侍读，并入新建立的文渊阁参预机务，之后一直做到翰林学士兼右春坊大学士，为内阁首辅，与尚书地位相同。他还奉命编纂《太祖实录》《列女传》，当然最著名的身份是《永乐大典》主编，所以其才学可谓当时天下士子之首。

但就是因为他在立储之事上主张立长子朱高炽，不同意立汉王朱高煦，而被汉王怀恨在心。

永乐八年（1410年），解缙入京奏事，正好朱棣北征未还，故只好觐谒太子朱高炽而返，于是朱高煦又乘机诬陷他私自见太子，"无人臣礼"。

朱棣震怒，竟然以"无人臣礼"罪下诏狱，而诏狱正是设在锦衣卫里的，由纪纲直接管理。

关了五年后，纪纲将诏狱关押的犯人名录呈给朱棣，朱棣看见解缙的名字，便随口说了句，解缙还在啊？

纪纲妄自揣测上意，并在汉王的指使下，将解缙灌醉，埋在积雪中，一代英才便如此悲剧殒命，年仅四十七岁。

再说周新的事情。

周新在任浙江按察使期间，办案公允、廉政清明。永乐十年（1412年）浙西发大水，通政赵居任隐匿不报，周新上奏朝廷，最后得以让朝廷减免租税、赈济灾民，再加上他平定了嘉兴倪弘三的叛乱，使得他名扬天下。

当时纪纲派一位锦衣卫千户在浙江查办案子，该千户在地方胡作非为，作奸犯科，周新本想抓他治罪但奈何没抓到。

不久后，周新进京途中在涿州遇到了该千户，并将其抓进了州狱，但不慎被其逃脱，跑去向纪纲求救。

纪纲继而向朱棣进言诬陷周新，朱棣听信后下令抓捕周新。周新进京后面对朱棣时仍然据理力争："臣奉诏擒奸恶，奈何罪臣？"他认为自己身为按察使的职责就是清除这些违法之徒，并无过错。

但朱棣看到他这态度后更是生气，觉得周新没有把自己放在眼里，便下令处死了周新。

周新在临刑前还大声疾呼："生为直臣，死当作直鬼！"

解缙与周新都是当时比较具有影响力的官员，尤其解缙更是天下文人的榜样。

朱棣和他父亲一样，具有复杂多变的性格。当他理性的时候，他知道治理天下、收服人心离不开这些能臣；当他冲动的时候，靖难夺嫡便如心头刺一般开始发作，觉得那些清高之士都在背后对他指指点点，仗义执言变成了大不敬。

所以，朱棣对待这些官员、士子是矛盾的，既要用之，更要防之。他想时刻掌握这些人的动态和言论，一旦有任何挑战他脆弱的自尊的痕迹，都要立即清理干净，所以他才会把亲信纪纲放到锦衣卫指挥使的位子上，让他对这些人进行监督、防范甚至在必要时实施非正常执行。

虽然在解缙、周新含冤而死的故事中，纪纲被定义为幕后操纵者，朱棣作为君主只是误信了谗言被人利用，但很难说这不是朱棣的意图。

他本来就和他父亲一样有着暴躁的脾气，再加上靖难之役后变得更加敏感的神经，对那些孤傲的士子们很难一直压着性子去礼贤下士。

但他知道，强权只能产生威慑力，不能产生向心力，适当的时候必须要去安抚人们被压抑的心理，给人们一个释放口，给自己一个台阶下。

在周新无辜被害后，朱棣也表示了后悔。有次他问侍臣："周新是哪里人？"

侍臣告诉他是南海人，朱棣感叹道："岭外竟然有这样的人，我错杀他了！"

朱棣甚至为此编出神话级别的故事，告诉别人自己曾经看到有人一身红衣站在太阳中间，对自己说，臣周新已经是神了，专门为陛下惩治贪吏。

朱棣是否真的说过这些话无法肯定，可以肯定的是，周新的死对民众心理产生了极大冲击。

周新死后，江浙各处绅民纷纷立碑、立祠、修庙来纪念他，广州将其故居所在的"高第里"改名为"仰忠街"，以表彰其忠烈。时任广东巡抚的杨信民极其敬佩周新为人，称其为"当代第一人"。

周新并无子嗣，其死后妻子返回乡下继续过着清贫的日子，在她病逝后，在广东为官的浙江籍官员都为她来送葬。

可见，周新作为百姓期待的官员代表，有着相当广泛的群众基础，而朱棣贸然将其处死必然损害了朝廷的公信力。

因此，作为一国之君、政权代表，朱棣必须要挽回天下士子的心，安抚天下百姓的心。

不仅如此，周新的死要算在纪纲身上。纪纲被处理后，周新顺利恢复名誉。

之后，朱棣追封周新为浙江城隍之神，至今杭州百姓还在供奉周新，香火不绝。

从解缙、周新的例子可以看出，朱棣对官员、士子的处理很大概率是草率冲动的，对官场和民心带来了极大冲击。

当矛盾需要调和的时候，那个直接的执行者就成了首选的替罪羊和缓和剂。在朱棣处理纪纲的案子中，这点因素毋庸置疑。

但另一方面，朱棣也感觉到了身边亲信与人勾结的可怕。

在解缙一案中，解缙就是因为汉王朱高煦的诬陷才被抓进诏狱，关了几年后在没有经过法定程序审理和明确命令的情况下无端被纪纲处死。

尽管没有证据，但朱棣也能看出朱高煦对纪纲的影响已经到了什么程度。

这才是他最忌讳的事情。

然而锦衣卫作为正式军队编制，其将领就是外廷官员，天然的具有结党营私的优势，这是朱棣也改变不了的。在处理纪纲的同时，也顺带着把当时和纪纲一同投奔朱棣的穆肃给处理了，此时的穆肃也已经是山西都指挥佥事。

穆肃的案子一直到三年后的永乐十七年（1419年）才有了最后的处理结果。

一年后，到了迁都的节骨眼上，朱棣设立东厂，其目的无非是为了建立一支更加听话、更加贴心的监视缉查力量，但东厂的建立并不意味着放弃锦衣卫。

永乐十八年（1420年）十二月，朱棣将河南中护卫军丁俺三擢升为锦衣卫指挥佥事，赐名赵诚，因为这个人告发周王朱橚图谋不轨最后查实了。

他将这个人放在锦衣卫将领职位上，说明他仍然将锦衣卫作为皇帝的直系力量去察访、执行特殊任务。东厂是由内臣统领的情报机构，其侦缉的对象是整个外廷官员集团，其中当然包括锦衣卫的将领。

也就是说，东厂的成立并不是专门针对锦衣卫的，更不会是为了与锦衣卫相抗衡。

东厂到底有多强？

当东厂的历史形象因为某几位提督太监而被简化成人间地狱后，人们就没有心情去关心东厂到底有多强的实力，因为越简单的标签越容易让人们接受，人们往往不愿花费更多时间去探究真实情况。

提督东厂的首领毋庸置疑是被皇帝信任的太监，仅次于司礼监掌印太监的第二号人物，通常以司礼监秉笔太监中位居第二、第三者担任。

刘若愚的《酌中志》中记载："最有宠者一人，以秉笔掌东厂，掌印秩尊，视元辅；掌东厂权重，视总宪兼次辅。"

东厂的属官有掌刑千户、理刑百户各一员，由锦衣卫千户、百户来担任，称贴刑官。除此以外，设掌班、领班、司房四十多人，均由锦衣卫拨给。

具体负责侦缉工作的是役长和番役。

役长相当于小队长，又叫"档头"，共有一百多人。役长各统帅番役数名，番役又叫"番子"，又叫"干事"，这些人也是由锦衣卫中挑选的精干分子组成。

《明会典》中记载："其东厂内臣奉敕缉访，别领官校，俱本卫差拨。"因此可以明确的是，东厂里面除了一把手是太监外，手下干活的人都是从锦衣卫抽调的。

官方史籍中并没有记载东厂的具体人数，但从其编制结构来推断，东厂的人数在七百至一千人之间。

锦衣卫本来就是按照明朝正常军队卫所的编制来设置的，之后人数又不断增加，总人数已经过万，即使是直接从事情报工作、御前听差的校尉也已经达到几千人。

东厂只有一千人左右的力量，在人数上与锦衣卫不是一个数量级。再从性质上来说，锦衣卫是正常的军队卫所以及兼职的情报机构，而东厂则是专职的情报机构，二者虽有重合，但在本质上并不能相提并论。

东厂也不是生来就坏啊

事实上也是如此。东厂虽然从永乐年间就一直存在到明朝灭亡，但在东厂成立后的很长一段时间里并没有在官方史书中留下什么身影。一直到明英宗，这段时间的《实录》中都未对东厂有所记录。

不管是刻意隐去，还是因为乏善可陈而节省笔墨，我们都可以大胆推断，这段时间的东厂是在既定的轨道内运行的，作为非常规的情报机构并没有对政府传统制度产生实质冲击。

究其原因，大抵就是这几位皇帝没有对东厂足够重视，因为东厂只为皇帝服务，离开皇帝的重视和支持，它只是个为锦衣卫养校尉的地方。

正因如此，从重视情报机构的成化朝开始，东厂便进入视野，逐渐取得了一席之地，之后的各朝实录中都有了东厂的记载。

明宪宗朱见深设立西厂、授予锦衣卫北镇抚司专门印信等行为，充分说明了对情报机构的重视，东厂在这种大环境下也取得了发展。

成化十九年（1483 年），东厂官校检举锦衣卫千户潘旺在调查瑞州一件案子中私收贿赂，为人请托，赃银达一千五百两，潘旺因此被抓捕处理。

这是官方史籍中首次出现东厂与锦衣卫之间的正面冲突，并且成功扳倒了锦衣卫千户，这是个很重要的信号。

东厂这段时间的积极活动与其领导者——司礼监太监尚铭不无关系，尚铭是一个善于钻营、心狠手辣之人，经常对富商大贾罗织罪名以获取钱财，甚至成功扳倒了汪直。

在他统领下的东厂积极参与外廷权力争斗，甚至不惜与锦衣卫进行正面冲突。

及至弘治时期，东厂的势力进一步加强，并在政府中获得了稳固的地位，甚至能够影响正常的司法程序。

《孝宗实录》详细记载了弘治九年（1496 年）发生的"满仓儿案件"，案件牵扯的多方势力为了自己利益各执一词，导致司法程序一片混乱。

案件主人公满仓儿是彭城卫千户吴能之女，被卖给乐工袁璘并被逼良为娼。吴能死后，其妻聂氏想要回满仓儿，但不愿出赎金，最终双方产生纠纷由刑部郎中丁哲与员外郎王爵共同审理。

审理中袁璘死于刑讯，视察该案的刑部主事孔琦和监察御史陈玉指使仵作将袁璘掩埋。袁璘妻子求尸不得，便诉冤于东厂提督太监杨鹏。

杨鹏经过复审后，上奏指责丁哲苛刻徇私，将无辜的袁璘殴打致死，王爵违法枉断，陈玉、孔琦视察案件时没有发现真相，请求皇帝将他们治罪。

皇上命三法司和锦衣卫会审，但一直没有审理结果，便命令府部大臣及科道官当庭审理，都察院遵从了杨鹏的处理意见。

结果明显对刑部不利，刑部典吏徐圭当即上疏称杨鹏侄儿曾经在满仓儿处买欢，并且与丁哲素有旧仇，意图报复。其上疏中还极力痛斥东厂、锦衣卫干预司法，请求撤罢。

皇上将徐圭逮捕治罪，但也处罚了会审中的一些官员。三个月后，皇上命"满仓儿杖毕送浣衣局；丁哲给偿袁璘埋葬之费，发原籍为民；王爵及孔琦、陈玉俱赎杖还职"，这件案子才算告一段落。

仔细分析案件中的利益各方，不难发现其实本案所涉官员处处在互相维护。

丁哲审讯致使当事人死亡，本身就是罪过，但视察该案的官员孔琦和陈玉仍然意图掩饰。等到东厂介入有了正式审理结果后，刑部官员徐圭为了维护同僚，仍然在做最后的狡辩，并且顺带将锦衣卫、东厂一起安上了干预司法的名头。

这件案子本身并不复杂，但由于东厂势力的介入而引起了皇帝的关注，最后发展为三法司会审甚至廷讯的大案。案件发展到最后，刑部与东厂之间的斗争，在皇帝的调停处理下才得以终止。

至于厂卫并称的叫法到了正德年间才正式出现，此时的东厂与锦衣卫已经发展成了并驾齐驱的姿态，因为皇帝朱厚照已经把二者视同一体。

正德七年（1512年），御马监太监张锐提督东厂。正德八年（1513年），钱宁掌锦衣卫事，并赐姓朱。

及至正德十四年（1519年），朱厚照做了一个比较特殊的人事任命，命平虏伯朱彬提督东厂、锦衣卫官校。

《武宗实录》于此记载，当时张锐居东厂，朱宁居锦衣卫，二者俱得宠，而朱彬又统领两人，"自是中外大权皆归于彬矣"，这种将东厂和锦衣卫作为共同体并一律由外官统领的政策在前朝是不曾有过的。

同年，皇帝对张锐和朱宁下了相同的诏令："有应随宜发落者，你们量情处治，毋致迟滞。事情重大者，仍奏请定夺。应当与相关衙门商议的事情，你们要和他们议处而行，不可偏执有误事机。"

看上去滴水不漏，实际上并没有说明什么是"随宜发落者"，什么是"事情重大者"，这显然给了厂卫很大的自主权。

无约束的权力必然会引起畸形发展，东厂、锦衣卫每当查获到妖言，就会有重赏。

为了邀功请赏，他们有人甚至故意在乡村里引诱乡野愚民为非作歹，然后再以妖言的罪名抓起来。送到朝廷衙门后，这些审理官员即使知道其中冤屈也不敢与之争辩。

对于东厂与锦衣卫的并驾齐驱之情形，《武宗实录》中记载："中外称曰厂卫。"

自此之后，锦衣卫与东厂越走越近，厂卫已成为一体。皇帝对厂卫的依赖以及厂卫的监察暗访已经是公开的秘密。

在万历三十一年（1603 年）的妖书案中，朱翊钧就是完全交由东厂、锦衣卫去探查。

当时提督东厂的是司礼监太监陈矩，一开始还因为妖书中的"朝夕左右帝前之主"这一句而上奏自辩求闲住，皇帝还好心宽慰："朕都被冤枉诬陷，更何况你呢。你掌管着东厂，正应该加紧察访，早日抓到幕后黑手，怎么能申请提前退休呢？如果有人能抓到真正罪人，要大力破格提拔赏赐"。

妖书一案本身就没有头绪，不久后东厂查到了嫌犯，陈矩请求移交给法司审理，但朱翊钧不同意，仍然命令由锦衣卫严刑追究，再送东厂复审。

之后，陈矩上奏说已经有足够证据证明嫌犯皦生光等人的罪行，再次请求将嫌犯移送法司详审，依律定罪。

不过朱翊钧认为皦生光未招供主谋，还是让锦衣卫按照之前旨意严刑追究，查实后送东厂复审，最后再会同九卿科道审理。

在整个妖书案中，从头到尾的侦查、抓捕和审讯都是由厂卫进行的，即使陈矩多次请求将该案移送法司审讯，朱翊钧也没有同意让法司及时介入，他执意要让锦衣卫审讯再由东厂复审，最后再由法司依律定罪，充分体现了他对厂卫的信任。

其实背后的原因很简单，就是他怀疑妖书案的主谋是外廷官员。他再三要求东厂缉查、锦衣卫审讯、东厂复审，就是针对外廷官员。

此时的东厂沿着皇帝要求的秘密侦查外廷官员之路越走越远，为之后东厂的行为超出正常职责埋下了伏笔。

万历三十六年（1608年），礼部仪制清吏司主事郑振先的奏疏中写道，东厂自祖宗设之，"以察非常，非以察朝绅也"，现在朝臣只要跟人说什么了，皇上就会派东厂在外面侦探。

在万历朝，从表面上看，政府在怠政的皇帝领导之下波澜不惊的运转，但内里却是皇帝在监视官员，而官员在拉帮结伙，人浮于事。所以在这种情形下，东厂获得了举足轻重的地位，并逐渐演变成之后的失控状态。

等到明末，魏忠贤与东林党进行了相当惨烈的斗争，双方不仅是以前途相搏，更是赌上了性命。

此时的厂卫已彻底沦为魏忠贤的个人工具，他亲自提督东厂，锦衣卫中将领又多是他的亲信，以致厂卫更加肆无忌惮，为后世留下了最经典形象。

如果将时间轴放宽到整个明朝，就会发现真实的东厂并不只有那一种形象。

东厂是朱棣作为专职情报机构建立的，也不是为了抗衡锦衣卫，因为它的实力并没有人们想象中那么强大，而且它的人员都从锦衣卫抽调，某种程度上还要依赖于锦衣卫。

但在重视情报工作的皇帝手上，东厂以其先天优势会大有所为。

自正德朝开始，提督东厂的大多是有野心、有能力的宦官，在这些领导者的运作下，东厂借助其自身的优势和皇帝的信任逐渐与锦衣卫势均力敌，并称厂卫。

二者在明朝后期对政府的正常运行具有很强的影响力，改变了一直以来只是作为情报机构的隐秘定位，在皇帝的支持下从幕后走到了台前，使其成为帝国公开的秘密，并且最终对明政权产生了强大的反噬。

第三章

仁宣之治——父与子的一脉相承

新生的明帝国经过铁血派皇帝朱元璋和朱棣的打理后，有惊无险地交到了朱高炽与朱瞻基这对父子的手上。之所以把这对父子放在一起，是因为他们一直以皇太子、皇太孙的身份并存于永乐朝，这在整个中国历史上也是屈指可数的现象。虽然朱高炽在位只有十个月，但正因为他们父子从作为帝国储君时起，就已经被绑在了一起，所以在治国理念上做到了很好的延续传承，并在朱瞻基身上得以发扬光大，共同成就了仁宣之治。然而遗憾的是，明帝国的君王自此陷入了短命的魔咒。

1. 弘文阁为什么没能成为文渊阁？

远碧接天涯，登临景自佳。

蘋洲晴亦雪，枫岸昼常霞。

落雁过前浦，浮鸥傍浅沙。

竹篱高晒网，茅屋是渔家。

——明仁宗朱高炽《江楼秋望》

对明初传奇人物"三杨"里的杨溥来说，他的经历相比杨士奇、杨荣要跌宕起伏得多。

后面两位在永乐初年就已经进入文渊阁，成为皇帝的左膀右臂。杨溥好不容易做了太子洗马，成为太子的辅导老师，等待他的似乎是一片光明。

没想到在永乐十二年（1414年）朱棣北征回师，朱高炽不慎遣使迎驾迟到，在汉王朱高煦的挑拨下，朱棣勃然大怒，将东宫的官员全部下狱治罪，杨溥就这么悲催地被抓进了诏狱，此时他已经四十二岁。

太子朱高炽和他根本就没想到会有这么一出，但更让他们想不到的是，这一关竟然是十年，直到朱高炽登基才亲自将他放了出来。

要说杨溥也的确有他的过人之处，他为人谦逊低调，又绝对耐得住寂寞，在狱中十年并没有自怨自艾，而是苦读经书史籍不辍。朱高炽也一直记着他，登基后的第三天就迫不及待地把他放出来了，授官翰林学士。

几个月后，洪熙元年（1425年）正月初八，朱高炽下令建弘文阁于思善门，铸给弘文阁印，并将弘文阁交给杨溥负责管理。

自此，弘文阁正式亮相，虽然很快就退场。

弘文阁与杨溥

至于为什么要突发奇想地设立弘文阁，朱高炽在授弘文阁印给杨溥时是这样说的："朕将你们留在身边，不只是为了助益学问，更是想广知民事，以助于治国理政。你们如果有什么建议，可以直接用此印上奏进来。"

可见，朱高炽更希望弘文阁能够广泛搜集信息，并且直接上达天听。这一点正是区别于文渊阁、东阁这些智囊团的特殊职责，体现了朱高炽独特的执政理念和美好期许。

朱高炽在位期间积极勤政，改革弊政，重用大臣，停止下西洋、云南取宝石、各地征集锦缎及书画、进贡海味异果等种种扰民之事，并释放被他父亲无端下狱或者受牵连的大臣。

他虽然在位只有短短几个月，再先进的执政理念也只是停留在实验阶段，尚未形成气候，但后人仍将他和他儿子朱瞻基的统治时期称为仁宣之治，足见对他的认可。

在洪武朝废除宰相制之后，经过朱元璋、朱棣的不断修正，通过辅官制度、殿阁大学士制度逐渐使中央政府的无相制趋于稳定运行。及至朱高炽即位，殿阁大学士制度已经相对成熟，要赋予殿阁新的职能最直接有效的方式就是再成立新的殿阁。

那为什么朱高炽会让杨溥执掌弘文阁呢？

除了杨溥是朱高炽信任的人以外，更重要的是杨溥曾做了件让朱高炽觉得很契合弘文阁定位的事情。

永乐二十二年（1424 年）十一月十五日，也就是弘文阁设立的前两个月左右，杨溥曾给朱高炽秘密上书言事。

这一举动让朱高炽大为高兴，赏赐了杨溥一双彩币、一千贯宝钞，并在御札中表扬道："看到你所奏之事有利于国家，诚合朕心。不过希望爱卿能始终如一，知无不言。"

杨溥这波秘密上奏的操作一下子摸准了朱高炽的想法，他正是希望外廷官员也能像东厂、锦衣卫那样密查情报，然后直接上达天听。

新成立的弘文阁就类似于民意收集机构，可以直接将最基层、最细微的信息反馈给帝国统治者，所以杨溥成了执掌弘文阁的最合适人选。

除了将杨溥任命为总负责人外，朱高炽还将王进、陈继、杨敬、何澄等人安排进弘文阁辅助杨溥。在弘文阁设立前，朱高炽曾对杨士奇等人说："你们都各有职务，朕想另外再找一些学行端谨的老儒士留在身边，以备顾问，你们可以留心举荐。"

杨士奇荐举了翰林侍讲王进、苏州儒士陈继，吏部尚书蹇义荐举了学录杨敬、训导何澄。在弘文阁设立后，朱高炽便授王进、陈继翰林院五经博士，杨敬为编修，何澄为礼科给事中，让他们名正言顺地成为了官方智囊团。

洪熙元年（1425年）四月，执掌弘文阁的杨溥上奏建议，由政府直接拨款并派官员去产地购买祭祀用的牲畜。

朱高炽对此表示了赞同："能爱人而后可以事神，事神之道怎么能不舍得花钱呢？"并接受了杨溥的建议。

关于弘文阁的记载并不多，毕竟只存在了短短的七个月。但从上述一事可见，在杨溥职掌弘文阁期间，君臣之间的互动是积极的、良性的，并且事无巨细，真正地做到了广知民事。

虽然弘文阁的影响并不广泛，但至少可以看出朱高炽比较重视弘文阁，而且也作出了乐于纳谏、勇于改革的姿态。

弘文阁的存在代表了仁宗政府的一种积极姿态，朱高炽是真的希望弘文阁能朝着他预期的方向发展，他并不是在做表面文章。

因此，如果朱高炽身体再硬朗一点，活得再久一点，弘文阁完全有可能像文渊阁一样，成为明朝政府的稳定建制，从而发挥更大影响。

精心的设立与突然的撤销

承载着朱高炽美好期许的弘文阁存在不过七个多月，在他死后便被继位的宣宗撤销了。

《宣宗实录》中记载，弘文阁的撤销是由杨溥奏请的。杨溥上奏说："仁宗皇帝在位时，命令我与翰林侍讲王进、编修杨敬、五经博士陈继、礼科给事中何澄于思善门外弘文阁讨论经籍。如今应当交出弘文阁印，我们都回到原来岗位上。"

朱瞻基见奏，便下令撤销弘文阁，将杨溥调进了内阁，正式开启了"三杨"时代。其余四人仍然以原来官职回到翰林院。

对于撤销弘文阁的原因，官方史籍里没有记载。令人疑惑的是，杨溥作为负责人为什么会主动提出如此奏请？

依照朱高炽的理念，弘文阁并不是暂时性机构，以"阁"这种规格设立本身就表示了长期性建制的意图。但从杨溥的奏疏语气来看，弘文阁似乎成了仁宗朝的临时性机构，改朝换代后就理所应当地要撤销。

另外，杨溥的奏疏中只提到了弘文阁"讨论经籍"的职能，对朱高炽更希望的"广知民事"却隐去不提，似乎在刻意降低弘文阁的地位和作用。

杨溥作为朱高炽的心腹大臣，不可能不知道朱高炽设立弘文阁的初衷。

从逻辑上来分析，对于杨溥自请罢撤的行为只有两种可能，一种是杨溥的政治手段，为谋取仕途上的升迁而以退为进，将弘文阁作为其进入内阁的垫脚石；另一种则是迫于外部压力，或者是宣宗的意图，而杨溥作为政治家准确地审时度势，主动请撤。

对于第一种可能，从各方面来看似乎很难成立。

首先，以杨溥的性格来说，他不大会用如此手段。《英宗实录》对"三杨"的评价是三人各有所长，"奇有学行，荣有才识，溥有雅操"。他们中，杨溥尤为谦恭谨慎，上朝都是循着墙根走，"儒之淳谨者也"。

实在难以想象如此谦恭低调的人，会为了仕途而耍手段。他可是在诏狱里关了十年都没吱声的啊。

其次，杨溥因直言进谏而得到重用，朱高炽因此才将弘文阁交给他负责，而且也的确运行良好，君臣之间的沟通顺畅有效。

职掌弘文阁本身就是他最大的政治资本，如果弘文阁继续保留，也能发挥如同文渊阁一样的积极作用，根本不需要如此大费周章。

因此，在当时的大环境下，第二种可能才是最大的可能。

朱瞻基在即位之初的当务之急就是防止汉王朱高煦的反叛，他撤销他父亲建立的弘文阁，就是防止汉王拿出违反祖训的名头。

因为之前朱高煦就已经安排百户陈刚以进疏谏诤为名，指责仁宗朱高炽给予文臣诰敕封赠，朱瞻基修理南巡行宫等行为都是违背《皇明祖训》和先朝旧制的行为。

弘文阁作为朱高炽的改革举措之一，免不了会成为攻击者的素材。正好成立时间不长，人也不多，给他们再就业也比较好安排。

宣宗朝初期，朱瞻基对他叔叔采取的还是以安抚为主的缓兵之计，在这种心态下，撤销弘文阁成了必然的选择。

而杨溥只是能够体察上意，为天子分忧，主动提出撤销，和新任皇帝之间打了场默契的配合，进一步证明了其过人的政治能力，完全可以进入内阁。

君臣之间的信任有多脆弱

短暂存在的弘文阁在明朝历史上毫不起眼，甚至连它的存在都鲜为人知。但弘文阁的设立、撤销却跨越了两个统治时期，经历了两位君主，这个产生与消亡的过程体现了执政理念的差异，也从侧面反映了明初中央政府的转型。

经历了洪武、永乐半个多世纪的铁血统治后，外廷官僚集团们终于等来了朱高炽这位宅心仁厚的皇帝，君臣之间终于有了一段蜜月期。

眼看着就要步入正轨，开启幸福的"婚后生活"，结果天不遂人愿，肥胖的朱高炽心脏罢工了。

继任的朱瞻基可没那么好糊弄了，对于外廷官员朱瞻基是既用之，但也不全信之。他在朝堂之上放眼望去，发现在外廷官员集团之外还有一个群体可以作为帮手，那就是身边的宦官。

于是，他设立了内书堂，派专人教宦官读书识字。当然，他绝不会想到这将成为他最大的人生污点，后人甚至将王振、魏忠贤之流的祸端全算在了他头上。实际上，从他爷爷朱棣开始，宫里就已经教宦官识字了。

人们似乎对"流氓不可怕，就怕流氓有文化"这种说法深以为然，所以将教太监识字定义为罪大恶极。但是人们忘记了回过头想一想，难道不识字的太监就不能作恶了吗？

依靠身边的太监并不是什么大过错，也不是从朱瞻基才开始的习惯。在他即位的时候，朝廷里早已经形成了"中官奉旨传之，六科辄令径行诸

"司"的普遍做法，也就是说对于太监传达的皇帝旨意，各部门很多时候核都不核，直接就照办了。

据《明史纪事本末》记载，洪熙元年（1425 年），仁宗朱高炽命令太监马骐返回京城。但没过多久，马骐假传旨意到内阁，说是要再奉旨去交趾采办金珠。

内阁复请，结果皇帝生气地说："朕什么时候说过这话！马骐在交趾干的荼毒军民的那些事，难道就你们没听说过吗？自从把马骐叫回来后，交趾人民如解倒悬，怎么可能再派遣过去。"

为杜绝这种现象，防止宦官擅权，朱瞻基一继位便给六科给事中下命令，凡是宦官内使传旨，各个部门都需要覆奏，确认旨意后，才可以遵照执行。

由此可见，朱瞻基对待宦官的态度并不是一味地放任，只是把他们作为助手和工具。他之所以要增强宦官的能力，无非是为了使用起来更加顺手。

在重视发展宦官力量的同时，他还严令禁止内外官勾结。

宣德三年（1428 年），朱瞻基登皇城城楼遥望见太监杨庆新建的府第甚是巍峨宏壮，一打探后得知是少保兼行在工部尚书吴中私自将官木砖瓦调发给杨庆修筑私邸后，立即命令将吴中逮捕入狱。

同时，还命令将"知而不奏"的锦衣卫指挥王裕一起交给法司及群臣问罪，经审理后给出的判决是吴中监守自盗官物、结交内官，应当问斩，王裕不奏应当连坐。

定罪结论呈给朱瞻基后，他还是从轻发落了，以吴中为"皇祖旧臣，姑宥之"，但罢免了少保职位，罚了一年尚书职俸禄，对王裕则是丢进了监狱，没多久就放出来了。

朱瞻基的做法说明他并不是真的想要治这些官员死罪，只是给外廷官员们警告——不要与宦官结交。

他想传达某种信息，那就是宦官专门为皇帝服务，它与外廷官僚集团是独立的，甚至是对立的。这也间接表明了他对官员们的不信任。

宣德三年（1428 年），朱瞻基写了一篇关于汉代名相曹参的文章，其中写道："嗣世之君，当守祖法，为辅相者，固当以清静处之。"

其实里面的意思很明显，就是在强调自己的萧规曹随。他特意把这篇文章给杨士奇、杨荣等人看过，示意他们不要太折腾。

也是这一年六月的一天，朱瞻基在文华殿召杨士奇进来，屏退左右后说："张瑛曾说杨荣私养了很多马匹。现在查清楚了，都是边塞将领送的，杨荣可是大大辜负朕了啊。"

杨士奇听后回答说："杨荣数次跟随文皇北征，负责招兵买马，所以才和那些将领有了交往。如今内阁大臣中，要论知晓边防将领才干、厄塞险易远近以及边寇敌情，我们和杨荣差远了。"

朱瞻基笑着说："朕刚继位的时候，杨荣好几次攻击你，要不是蹇义、夏原吉他们帮你，你早就离开内阁了。你现在怎么还给杨荣说话呢？"

杨士奇顿首说道："希望陛下能像宽容我一样，宽容杨荣，给他改过自新的机会。"

朱瞻基私下以杨荣之事询问杨士奇，看似是信任，实则是试探，不过是皇帝常用的御下之术。谁能保证朱瞻基没有以杨士奇之事询问过杨荣呢？

君臣之间的信任都是脆弱善变的，因为对臣子来说圣意难测，但对皇帝来说臣子的心意更难测啊。

仁宗朝的李时勉、宣宗朝的陈祚就是臣子莫名其妙上奏骂皇帝的代表。

仁宗朱高炽即位不久，李时勉就上奏开骂，并详细列了三大点过错：一是整修宫殿，被说成是劳民伤财；二是挑选侍女，被说成是好色纵欲；三是几天不上朝，被说成是懒政怠政。

李时勉在奏疏里用了高超的反讽手法，骂人不带脏字，还把朱高炽气得和他当庭对质。

结果还没吵过人家，一时冲动让金瓜武士动手，砸断了李时勉三根肋骨，反而更是亲手把李时勉捧进了千古直臣的行列。最后临死的时候，还跟夏原吉说"时勉廷辱我"。

宣德六年（1431 年），江西巡按御史陈祚上书劝皇帝利用空暇时间多学习学习《大学衍义》这本书。

朱瞻基看后愤怒地说："朕如果不读书，连《大学》都没读过，那还怎么做天下之主啊！"当场就命令将他逮捕到京城，连同他的家属都关进了诏狱，一关就是五年。

这些臣子所谓的直言进谏其实就是无中生有，为了博名誉而乱写一通，反正不管真假，只要皇帝生气降罪了就能树立起直臣的形象。

这种风气在明初初具规模，之后愈演愈烈，形成了积重难返之势，极大地影响了政府运行效率。

帝国政府的这种趋势演变不是没有征兆的，可以说在仁、宣二朝就已经埋下了伏笔。

为了拓宽君臣之间的沟通渠道，仁宗朱高炽建立了弘文阁，其初心可谓积极，其作为可谓大胆。但到了宣宗朝，无论是迫于外界压力，还是出于主观顾虑，朱瞻基却选择了倒退，有意培植内官力量去制衡外官集团。

撤销弘文阁意味着君臣之间的沟通日趋僵化和无效，甚至会起到反作用。自此，大明帝国沿着这个既定的路线逐渐滑向了泥沼之中。

2. 朱瞻基比他伯伯朱允炆强在哪里？

汉阳城头夜吹角，暂从鹦鹉洲边泊。
长笛一声山月低，残灯数点江云薄。
西蜀滇南与海通，浮波来往自无穷。
暮天已卷三湘雾，晓日还悬七泽风。
突兀危楼瞰江水，临眺何人频徙倚。
寒鸦飞尽淡烟收，浩荡瑶空净如洗。

——明宣宗朱瞻基《潇湘八景画·远浦归帆》（节选）

宣德三年（1428 年）九月，明朝第五任皇帝宣宗朱瞻基来到了帝国北方边境巡视。

他对这片土地并不陌生，但不同的是，这是他第一次以皇帝的身份来巡边，而之前只是跟着他爷爷朱棣北征的实践教学。

朱瞻基带着军队到达石门驿喜峰口，刚驻扎下来就接到战报说蒙古兀良哈部有万余骑兵乘虚入境，即将抵达宽河。

其实这伙人也不想闹出太大动静，就是憋得久了，老毛病又犯了，便习惯性地准备出来抢一波。

没想到，朱瞻基听到这个消息后兴奋不已，终于等到了亲自领兵上阵的机会。他命后方将领随后支援，自己亲率三千精锐骑兵快速奔袭，在宽河与兀良哈部队展开了战斗，最后的结果当然是一场大胜。

经此一战，兀良哈消停了十几年。

最完美的答案，最得意的学生

朱瞻基没有辜负他爷爷的一番良苦用心，无论是作为皇太孙，还是之后作为太子，再到最后作为皇帝，他都很好地完成了角色任务。

从大方面来说，他继承了他父亲仁宗朱高炽的意志，或者说是坚持了他们父子二人共同的意志，让明帝国实现了转型，在帝国铁血张突的基因里增添了休养生息的色彩。

从小方面来说，他终于让帝国皇室中始终弥漫的那股不安分的氛围消散，实现了帝国皇权的正常交替更迭，此后不再有一把剑始终悬在皇室的头顶之上，保证了老朱家自己内部不能乱。

当然，这个稳定人心的功劳算起来至少要有一大半归朱棣。

因为是他亲自定下太子—太孙这个继承顺位，朱高炽在永乐二年（1404 年）被定为皇太子，七年后，朱瞻基被定为皇太孙。为了进一步明确这个顺序，更是直接将"皇太子嫡长子立为皇太孙"写进了皇明祖训。

朱瞻基和朱允炆虽然都曾被立为皇太孙，获得了法定的皇位继承人权，但是二者最大的区别在于，朱瞻基的皇太孙身份是与皇太子并存的，而朱允炆的皇太孙身份是在他爹皇太子朱标死后才获得的。

也就是说，如果朱标能活到即位，那朱允炆并不当然就是皇位继承人。

按正常逻辑，朱标死后，他这一脉应当要自然退出皇位继承人序列，再从朱标的弟弟中产生新的太子。

朱元璋很快就隔代指定朱标的儿子作为第一顺位继承人，一方面表明了他迫切地希望帝国皇权继承能尽快稳定下来，毕竟他已经到了暮年；但另一方面他也知道这种做法会实际上存在一定的漏洞，所以他以最快的速度将这件事定了下来。

意见最大的当然是朱元璋的那些儿子们，他们里面有不少是生于战火长于战火之中的，基本不是什么善茬。

据说，在皇太孙的册立大典上，朱棣重重地拍了拍朱允炆说："不意儿乃有今日（没想到你小子竟然有今天）!"朱元璋看到后怒斥："竖子无状，何为打皇太孙!"

此时朱允炆站出来给他叔叔解围，说道："臣叔父爱臣故耳!"事后，朱元璋以逾越规制将朱棣关了几天禁闭以示惩戒。

不过尽管这些儿子们心里再有想法，也不敢怎么样，因为他们的父亲是强势的开国之君，狠下心来什么都做得出来。

到了朱瞻基身上，形势已经完全不同。

他和他父亲一同作为皇太孙、皇太子，其实就是赋予了他第二顺位继承人的合法身份，意味着即使他父亲先去世，他也是自然而然地上升为皇位第一继承人。

在那段时间里，帝国同时拥有皇帝、皇太子、皇太孙。

这种第一顺位、第二顺位继承人并存的情况整个中国历史上只出现了三次，第一次是唐高宗时期，之后两次都在明朝，除了永乐朝外，另外一次就是万历朝。万历帝在临终前立了太子朱常洛的长子朱由校为皇太孙，但在他生前还没来得及搞册立仪式。

朱棣这种做法彻底掐灭了其他儿子的非分之想，他觉得这是解决皇位继承问题的最完美答案。

不过除此之外，朱棣还有一个更隐秘的想法。

那就是他需要某种玄幻却必不可少的力量来增强他这一脉皇位的正当性，而这个皇长孙似乎也是最完美的载体。

于是，关于朱瞻基出生前朱棣做的那个梦就不胫而走。

在朱瞻基出生前夕，朱棣梦到了太祖朱元璋赐给他一个大圭，并说："传之子孙，永世其昌。"

等到小孙子满月了，抱给朱棣看的时候，朱棣不禁夸赞道："此天日之表，且英气溢面，符吾梦矣。"

没有主人公的刻意宣传，别人当然不会知道他做了个什么梦。而这个梦的用意很明显，就是想告诉别人，你看我们家这个天子之位可不是我抢的啊，是我爹亲手塞给我的。

这个传说当然也是在朱棣起兵靖难的时候才流传出来的，在《宣宗实录》里记载的朱瞻基官方出生时间是建文元年（1399 年）二月初九，但也有说法认为是洪武三十一年（1398 年）出生的。

这里涉及一个关键点，朱元璋是洪武三十一年（1398 年）闰五月去世的，而朱棣正式发动靖难是在建文元年（1399 年）的七月份。

无论《宣宗实录》里记载的是真实出生年份，还是后来改的，总之这个梦只能在朱元璋死后才有效，才能发挥应有的舆论效果。

虽然所有人都知道这种传说是玄之又玄的说法，就这么一说，也就这么一听，谁也拿不出证据来证明或者是证伪，但让这种传说流传开来，哪怕是当个谈资来讲，才是最核心的价值。

因为所谓的舆论造势，有时候根本不需要理会真假，只要有关注度和影响力就足够了。

所以朱棣非常聪明地将朱瞻基的诞生运用到了极致，因为这时候自己和儿子显然都不适合作为这种传说的载体，毕竟大家都一大把年纪了，朱元璋真要是想传位给他们，活着的时候早就真传了。

活着不传，死了托梦来传，说出来他们自己都觉得可笑。

然而，逐渐长大的朱瞻基的确显示出了他的聪明才智，颇受他爷爷的喜欢，从而得到了系统、全面的培养和难得的实践指导。

朱棣不仅挑选了与朱瞻基年龄相仿的男孩子组成编制交给他训练，让他学习排兵布阵，更是在北伐蒙古的时候将他带在身边，让他亲自经历残酷的战场，迅速成长。

帝国的转型，不求华丽但求实用

在朱元璋和朱棣对蒙古残存势力的连续打击下，北元的残存势力退居漠北，但仍然无法做到全部消灭。

于是从永乐朝开始，明朝对蒙古的基本策略由主动进攻转为了全面防御，修建东起鸭绿江、西到嘉峪关的长城，并沿着长城设置了辽东、大同、宣府、延绥、蓟州、太原、宁夏、甘肃、固原九个重镇，即"九边"。同时，在长城以北建立了大宁卫、开平卫、东胜卫三个军事要地，即"外三卫"。

在藩王镇守下的九边构成了帝国北方强大的防线，而深入漠北的三卫则成为打击蒙古势力的前哨基地，形成了进可攻、退可守的局势。

成祖朱棣靖难以后，在继位之初就调整了北边卫所，将六十一个卫、三个千户所全部隶属于新成立的北京留守行后军都督府管辖，开平卫就在其中，并内迁至北京。

据《太宗实录》记载，之后永乐四年（1406 年）二月，朱棣又下令复设开平卫，并命令兵部将有罪当戍边的人送去充实开平卫。

永乐八年（1410 年），又下令修筑开平卫城及七座烟墩。

永乐十二年（1414 年）九月，朱棣命成安侯郭亮、兴安伯徐亨前往平开卫备御，并特意下旨交代："开平以孤城临极边，又无险可恃，但昼夜严守备。寇来，勿轻出战，去亦勿追。"在他几次北伐中，都曾亲自率领军队在开平卫驻扎过。

然而等到朱瞻基刚一继位，朝中就有人开始上疏建议内迁开平卫。

根据《宣宗实录》中记载，最早提出该建议的是在洪熙元年（1425 年）七月，阳武侯薛禄上奏："雕鹗、赤城、云州、赤云、独石诸站皆在边野，开平老幼余丁亦于此种田。猝有虏寇，无城可守。况开平与独石相距五站，城垣不坚，且使命往来，道路荒远。若移开平卫于独石，令镇守宣府都督谭所领官军筑城守备，寔为便益。"

他指出开平的人已经在独石这些地方种田，而开平的防御也很薄弱，不如将开平卫内移到独石这里筑城守备。

此时朱瞻基才刚继位两个月，所以他对此的回复是："开平极边，废置非易事，当徐议。"毕竟开平卫并不只是一个卫所这么简单，它的变化代表着帝国整个防御政策的改变。

从长计议了两年后，宣德二年（1427 年）朝廷终于一致同意将开平卫内迁三百里至独石堡，并着手开展迁移工作，到宣德五年（1430 年）基本完成，连带一同内迁的还有兴和所。

自此，明帝国的北方防御体系基本完成了转向，由主动防御转到了被动防御。

当然，朱瞻基的这种保守思维不仅体现在帝国的北方防御体系上，在对待安南的政策上也是如此。

安南曾被他父亲朱棣打得很惨而成了明朝了一个省，但从来没有真正臣服过明朝。时叛时服让明廷耗费了大量的人力财力，而且花费巨资的兴兵远征并没有什么效果。

朱瞻基从继位之初就已经想过要息兵安南，但碍于天朝上国的面子一直拖着没有真正实施，到宣德六年（1431 年）才册封黎利为安南国王。

后人对朱瞻基偏于保守的基本国策褒贬不一，有人说他节省国力、保境安民，也有人说他主动弃地、自废武功，削弱了帝国对漠北、西洋等地区影响力，埋下了隐患。

有一个道理亘古不变，那就是凡事都有两面性。

我们往往很容易看到事物当下表现出来的那一面，但不到最后那一刻，没有人能准确地知道蝴蝶扇的那一下翅膀到底会带来什么样的惊涛骇浪。

对朱瞻基来说也是如此。

作为一个敢于亲自带兵上阵杀敌的年轻人，作为一个果断搞定藩王叛乱的皇帝，他绝不是一个软弱犹豫的人。

毫无疑问，这一点比他的伯伯朱允炆强得多。

实际上，以当时明帝国的实力，以及他本人的作战水准，他完全可以追随他爷爷的光辉历程，时不时拉着军队到漠北来一趟北伐，这样不仅毫无难度，而且在史书上还能留下雄主的形象。

但他没有选择这条路，因为他知道行军打仗是要花钱的，而且是最花钱的。

同时，他也知道，这样游行式的北伐收效甚微，基本上是形式大于内容。

在宣宗所处的时代，他肩负的使命是承上启下，为帝国找到一条能够长治久安的道路。

此时这个新生帝国最需要的不是武力宣示，而是休养生息、发展国力，所以他在对外政策上选择了收缩保守。

而在当时，无论是朝廷官员，还是社会舆论，都以泱泱大国的优越感自居，大明帝国就应该是所向披靡、万国来朝的，所以宣宗定下这种治国策略需要一定的眼光与理智，更需要绝对的勇气和魄力。

强大亦可爱

宣宗在位十年，他带领帝国做出如此转变，不可谓不是个强大的君主。当我们把目光从这些宏大叙事上转到日常叙事时，还会发现一个更为多面的朱瞻基。

他的兴趣爱好非常广泛，奇花异草、珍奇鸟兽之类的他都喜欢往宫里搬，他亲自设计督造的宣德炉也是前无古人后无来者的工艺品。

当然，在他的广泛涉猎里，最响亮的名号莫过于"促织天子"。虽然说这个名号有夸张的成分，但他喜爱促织这是毋庸置疑的，在景德镇也发现了宣宗御用的蟋蟀罐。

野史中对这方面的记载则更多更生动。《皇明纪略》中记载："我朝宣宗最娴此戏，曾密诏苏州知府况钟进千个。"当时甚至还有一句流传很广的谚语："促织瞿瞿叫，宣德皇帝要。"

《明朝小史》中记载，因为宣宗的喜爱，促织"其价腾贵，至十数金"。

当时有一粮长，受地方长官委托，好不容易找到了一个最好的，并且用他骑的马才换得来。回家后，他的妻子听说这是用一匹马换来的一只虫，认为必定有奇异的地方，便偷偷打开看看，结果让这只虫子跳走了。他的妻子害怕不已，竟然上吊自尽了。丈夫回来后看到自尽的妻子非常悲痛，而且怕没法交差，于是也自尽身亡了。

有这些传闻的渲染加持，"促织天子"的荣誉称号宣宗无论如何都是摘不掉的。

喜欢这些新奇的东西，说明他并不是一个无趣的人，有时候甚至有些活泼可爱。

有次半夜，他带着几个人偷偷跑到杨士奇家，把老杨吓了一跳，赶紧跑出来接驾。但老杨眼神不好，又是晚上，看不清皇帝在哪边，就朝着北边扑通跪了下去。

这时，正倚着栏杆看月亮的朱瞻基笑着叫了一声："士奇，朕在此。"老杨对此表示很无奈，只能劝他："陛下奈何以宗庙社稷之身自轻？"朱瞻基对此并不在意，只说："朕欲与卿一言，故来耳。"

他和两位皇后胡氏、孙氏的故事也已经算是家喻户晓。宣德三年（1428年），他让胡皇后主动辞位，为的是将皇后位子给他喜爱的孙氏。

胡氏辞位后，退居长安宫，赐号"静慈仙师"。但张太后怜悯胡氏无过被废，宫中朝宴还是让胡氏居于孙氏之上。

对于废胡氏皇后之位的事情，宣宗后来也曾给自己开解："此朕少年事"。

不过这怎么听都像是借口，因为那时他已经三十岁了，竟然还好意思说自己是少年。

但是当时他的确更爱孙氏。宣德二年（1427年），他见孙氏快快不乐，便让太监把他刚画的画作拿来品鉴。他故意问孙氏："你看看朕画的是什么？朕还没有题款呢！"

孙氏瞟了一眼宣宗，掩口笑道："两竿竹下绘一犬，扭首企盼为笑焉。"见到孙氏笑了，宣宗当即就写了题款："宣德二年（1427年），御笔戏写一笑图。"

当他写到"笑"字的时候，还特意把"竹"字头下"夭"字上的一撇点在"大"字的右上边，看上去就像个"犬"字。这就是有名的《一笑图》，一直流传至今。

如此一个有趣好玩的君主实在难能可贵，而他在坚持这些喜好之外并没有耽误帝国政务，而是顺利完成了他应当完成的任务，这更加可贵。

在明朝的皇帝中，他是唯一一个将创业之君的雄才伟略与守成之主的纨绔性情完美地融合到一起的皇帝。

以个人观点来说，如果放在整个古代，他作为皇帝的综合实力，与他流传下来的诗一样，在历代君王中属于中等偏上水准。

但如果只放在明朝，那绝对属于上等水准。

第四章

两帝三朝——败家派皇帝是如何花式败家的

　　明朝历史上有过三对兄弟皇帝，英宗朱祁镇与代宗朱祁钰为第一对，也是最为纠缠痛苦的一对，他们共同造就了两帝三朝的奇景。当然，主角肯定是哥哥朱祁镇。虽然我们不能以结果论来指责朱祁镇御驾亲征是错误的选择，因为要结合当时的皇家传统和舆论背景来理性看待，但明朝历史上最后一次御驾亲征将帝国拖入危险境地，这是不争的事实。人犯错不可怕，最可怕的是犯了错不仅不认错，还恬不知耻地将错就错，甘为他人利用，先是做叫门天子，再是阴谋夺位、诛杀旧臣。相比来说，弟弟朱祁钰还稍微靠谱点，虽然他也曾尝试将这个从天而降的一次性皇位转为永久性的，而使其站到了道统的对立面，但不能否认在他的统领下，景泰君臣对明帝国，乃至整个民族做出的贡献。

1. 朱祁镇与王振，谁才是差点掀翻明朝的那个人？

汉江滔滔出嶓冢兮，伟兹巨浸壮南邦兮。

万有千里流无穷兮，逶逶迤迤志必东兮。

于戏！汉水殆与天地同始终兮。

——明英宗朱祁镇《汉江歌赐襄王》

经历了明初洪武、永乐的铁血治理，再经过仁宗、宣宗父子十年来的用心经营，明帝国似乎已经走上了正轨。

尽管外部仍然面临着敌对势力的威胁，内部灾患频仍，但在当时的生产力水平下，已经算是古代帝国所能达到的鼎盛之世。

朱瞻基在位仅十年，三十八岁就去世了，为之后明朝皇帝的早逝带了个头。

他留下了最强盛的帝国，虽然战略上有所收缩，但对周边地区仍然处于绝对的压制地位。

他还留给继任者最有能力的辅臣班底，命令由张太皇太后和"三杨"辅助只有八岁的下一任天子。

唯一遗憾的是，这个八岁的孩子是朱祁镇。

太皇太后选中的故人

作为一个只有八岁的孩子，朱祁镇并没有系统接受过来自他父亲有关如何做皇帝的言传身教，也没有表现出过人的天赋。

在他之前，帝国的统治者都非常注重对皇位继承人的培养。他的父亲更是被钦定为第二顺位继承人，由一代雄主朱棣亲自对他言传身教。

可惜，他的父亲太忙，既要忙着处理政事，又要不停丰富自己的个人爱好，根本没有空教他。

他的母亲原本是贵妃，之后顺利挤掉了原来的胡皇后，成功晋级为皇后，对他的宠爱自然少不了。

可想而知，从小生长在深宫，又是在拥有一个溺爱的母亲和一个缺位的父亲环境下成长起来的朱祁镇很难突破平庸之资，虽难有建树，但如果他愿意按照父辈预设的路线走下去，倒是可以做一个合格的守成之主。

然而随着他日渐成熟，内心逐渐开始躁动，他看着张太皇太后和一群辅政老臣治国理政，感觉这似乎不是什么难事。只要给自己机会，一定能做得更好。

更要命的是，不仅他自己这么想，身边的人也不停地灌输这个理念。这个身边人就是太监王振。

王振是以明朝历史上第一个专权太监的身份而被人熟知，人们将英宗朝的政治失误全都算在了他身上，却忘记了大明是老朱家的大明，在当时的制度环境下，太监作为内官只是皇室的传声筒和执行工具，真的那么容易就能窃取至高无上的权力吗？

当我们去追溯王振的发展历程，就会发现终明一代的太监势力演变的规律。

早在永乐朝末年的时候，王振就已经进宫当太监了。传言说他之前是教书的，日子过不下去了就自己动手净身入宫当了太监。

明朝严禁私自净身，一旦发现有蒙混在京城的私自净身者，要杖责一顿再赶出京城。所以能入宫已经算是运气好的了，有些入不了宫的，要么就在大户人家做仆人，被称作"自净奴"；要么在太监专用澡堂搓澡，被称作"无名白"。

王振不仅顺利入宫，还被选派去东宫侍奉皇太子朱高炽，之后比较讨朱高炽喜欢，甚至还让人教他读书认字。

这些都是《英宗实录》中记载的，正统十一年（1446年），英宗赐给王振的敕文里说他性情忠厚，度量宏深。仁宗时便"教以诗书，玉成令器"，宣宗继位后又让他去侍奉皇太子朱祁镇。

如果按这个说法来算，王振已经是四朝老人，而且深得每一任天子的信任。即使其中有美化的成分，但有一点可以肯定，那就是朱祁镇的身边一直有王振陪伴，所以他称呼王振为王伴伴。

虽然在后世这个称呼变成了贬义词，但朱祁镇对王振的感情是真实而且毫不掩饰。

正因为王振是四朝故人，所以张太皇太后必然对他是熟悉的。

早在仁宗做燕世子时，张氏与朱高炽就已经结婚，之后共同经历了靖难之役、储君危机，又相继辅佐朱高炽、朱瞻基父子执政，所以对国事朝政有着丰富的经验，对朝局也有一定的影响力。

宣宗死后的遗诏中规定，"家国重务必须上禀皇太后、皇后"，然后才能执行。但是《皇明祖训》中明确规定，"后妃不许群臣谒见"。张太皇太后为了遵守祖制，没有听从大臣的建议像前代女主般垂帘听政，公开处理政务，而是甘愿退居幕后。在这种情况下，她需要一个代言人来起到上传下达的作用。

内阁曾推举他弟弟张昇参与议政，但被她清醒地拒绝了，转而选择了更好控制的太监群体。王振作为故人，顺理成章地成了最合适的人选。

不得不说，仅凭张氏可以垂帘听政而主动选择居于幕后，她的品格就足以让世人铭记。作为有着丰富政治经验的后宫之主，她知道外戚容易为祸，所以如同开国皇后马氏一样，她没有选择自己的家人亲属，而是选择了内官作为帮手。

在朱祁镇即位后，王振便被提拔为第一太监——司礼监掌印太监。有人认为这是朱祁镇宠信王振的结果，但实际上当时的朝政是由张氏说了算，可以说她才是王振得势的真正背后力量。当然，这个结果也是朱祁镇希望看到的。

虽然张氏选择依靠内官，但丝毫没有放松过对他们的管控。

《古穰杂录》中记载，张氏辅政期间，所有的文书都会经她之手定夺出处理结论，再由司礼监票拟后交给内阁议行。

每隔几日，她会派太监到内阁询问近日来朝廷中的重要事情是如何处理的。内阁会详细写下哪日哪位太监传达了哪些命令，以及最后如何执行等内容回给张氏查验。

如果发现王振有自行擅断没有经过内阁讨论的情形，就会狠狠地训斥王振。所以，史书中都将此概括为，张氏在世期间，王振"不敢专政"。

王振除了作为张氏辅政的助手，他还负责向张氏报告皇帝的活动，以监督指正不适当的行为。

《复斋日记》里记载，宫中的各项事情，都由王振统一管理。有次经筵讲日，英宗去了西海子游玩没有回来。王振就告诉了张太皇太后，张氏立即派人把朱祁镇叫了回来，责骂了好长一段时间，并且将随行的那些内侍下狱治罪。

从此之后，皇帝的起居日行王振都要知道，皇帝行幸各宫也要让保傅报告。如果有没按顺序的情形，就会立即让皇帝回马车上，并劝说道："皇帝的恩泽雨露要均沾，不能偏倚。"

在张氏的有意扶持和朱祁镇的信任下，皇室宫廷的各项事务基本都交给了王振管理。

宣宗喜欢开拓个人爱好，常命宦官出外采集、督造各类奇珍异宝。等到宣宗一死，英宗继位后，张氏便立即将这些乱七八糟的制度全都废除，将宫中"一切玩好之物、不急之务悉皆罢去"，也不再派遣太监出去。

《菽园杂记》里记载，自从王振掌握内政后，就没有随意派太监出宫过，在他掌权的十四年里，"军民得以休息"。

正统七年（1442年），张氏病亡，后人认为自此后再也没有人能约束王振，他仗着朱祁镇的绝对信任，开始了独揽大权。

对于他的那些所作所为，各种史书上都有详细记载。虽然细节丰富，但总结起来也逃不出那些拉帮结伙、任人唯亲、收受贿赂、剪除异己之类的套路。

无论是宦官，还是权臣，这些都是树立权威、巩固势力的惯用手段，并不是说只有宦官才会这么干。就那些权臣来说，史书上没有写出来，并不代表就没有。

王振的坐大毫无疑问得到了朱祁镇的支持。随着内阁"三杨"的陆续凋零，只剩下了低调谨慎的杨溥，以张氏去世为节点，朱祁镇终于可以名正言顺地行使最高权力。

作为朱祁镇最为信任的太监，他的绝对权势实际上就是朱祁镇的绝对权势。

此时的外廷官员已经没有足够力量能够左右皇帝的决策，皇帝更愿意把权力与身边的宦官分享，而不是那些外廷官员们。

因为宦官是绝对依附于皇帝的群体，他们唯一的权力来源就是皇帝的允许，所以对皇帝会无条件服从，比那些迂腐僵化的官员要有趣得多，也更好对付。

没有亲征打过蒙古，配做老朱家的皇帝吗？

张氏死后，明帝国就这样在朱祁镇和王振的带领下风平浪静地又度过了七年时光，谁都没有想到帝国命运的转折点会如此突然地迎头赶来。

正统十四年（1449 年），瓦剌兵分四路入侵，除了宣府和大同，其余的城堡全都被迅速攻克或者弃守。

大明开国后，历代君主都重视北部防线，经过近百年的治理，投入了无数人力财力，本以为能顺利抵挡漠北铁骑，但没想到敌人稍微强大一点竟然就难以招架。

也先利用鞑靼内部之间的矛盾，挟持大汗以令诸侯，能够动员整个蒙古的兵力，此次率兵来袭之前又做了大半年的准备，最终发动的参战人数虽然有争议，但应该在八万左右，甚至最多达到十万以上。

也先军队在正统十四年（1449 年）七月接近大同。七月十一日，大同右参将吴浩领兵在猫儿庄迎面遭遇也先大军，兵败身死。

四天后，大同总督宋瑛、驸马都督井源、总兵官朱冕、左参将都督石亨四路将领带着四万兵马在阳和与也先展开战斗，结果寡不敌众全军覆没，只有少数人仓皇逃回。

一时间，北方防线形同虚设，蒙古方面除了辽东和甘州两路人马离得太远，未曾深入，也先和阿剌知院带领的两路军队都已深入明境。

帝国北方开阔的疆土瞬间成了敌人的劫掠场。

此时，身在朝廷的英宗才知道也先此次袭击不同于以往的骚扰，兵力也绝非边军所能应付。在边防失守的情况下，帝国政府必须要及时做出回应，由中央政府直接派兵出征成为必然选择。

面对这种局势，朱祁镇的心里既紧张又兴奋。

紧张的是，也先不是一般货色，帝国近百年积累下的边防军面对他竟然都不堪一击。

但更多的是兴奋，已经平静地过了十四年了，自己终于有机会能像先祖们那样，横刀立马，驰骋疆场，建立万古传颂之伟业。

既然边防将领们搞不定，那就自己上。老朱家骨子里传承的铁血基因让这位只有二十三岁的年轻帝王蠢蠢欲动。

他离那个光辉的时代并不遥远，他的父亲十年间就曾四次巡边，也曾亲自上阵杀敌，他的曾祖朱棣五次北征蒙古，更是马革裹尸还。

在此之前，大明帝国君主御驾亲征似乎成了标配，以帝国正规军去收拾几个不听话的野蛮部落，也从未尝有败绩。

按照当时的情形和舆论氛围，大明皇帝御驾亲征并不是什么了不得的事情。通俗点说，如果某一任皇帝没有亲征打过蒙古人，似乎百年以后都不好意思向祖宗交差。

我们不能唯结果论，因为这次亲征失败了，所以就一味否定当时做出的决定。没有人能未卜先知，只能结合眼前的信息和经验来做判断。以时代经验代替历史经验，这是事后诸葛亮，是对前人无礼的苛责。

也就是说，换作任何一个普通人处在正统十四年（1449 年）七月的那个秋天，当皇帝提出要御驾亲征，出塞北对抗也先时，他不会觉得这是个脑子有病的皇帝。

他甚至会有些感动，感动于大明帝国的铁骨铮铮，感动于大明天子亲征解救北方被铁骑践踏的人民。

当由于消息落后，他只知道也先率领的一部中路主力军只有三到四万人，而仅北京城就有京营和班军二十二万，其中战兵十四万、辅兵八万时，他更会从内心里感慨大明威武，此战必将那些蛮人碾压。

他甚至会觉得，"养兵千日，用兵一时"，依靠朝廷这些主力部队，如果再加上北方沿途要塞的协助，说不定就能将北方的宿敌彻底歼灭，以绝后患，成就不世之功。

想到这里，他为自己身在正统朝，有这样英明雄武的皇帝而感到自豪，他觉得有生之年能亲眼看见御驾亲征、漠北尘清实在是太幸运了，不禁泪眼婆娑。

所以，面对当时的政治舆论氛围，没有人能真正做到众人皆醉我独醒。以当时的情报水平和思维惯性，再理性的人都会觉得这不过又是一场常规的清扫。

对于朱祁镇的亲征想法，王振作为他最信任的身边人，当然不会泼冷水，而且会最大程度予以推行。其余的官员并不会比他高明多少，有些官员甚至有过之而无不及。

但是结果失败后，这场行动则必须从源头否定，而且要有人承担骂名，皇帝是不可能怪罪的，文武百官必然是清醒的，争相跳出来痛哭流涕，都说自己一开始就劝阻皇帝不要亲征。

于是，王振就成了亲征的罪魁祸首，史官大笔一挥，历史就成为了王振贪冒边功，裹挟皇帝亲征。

朱祁镇对于打败也先的执念

无论该不该御驾亲征，至少从结果上来说，这次军事行动彻底失败了，本想碾压蒙古却被人按在地上摩擦。

翘首以盼的老百姓搞不清楚到底发生了什么，人们需要一个解释，朝廷需要为这次失败找个皇帝之外的责任人，以供发泄愤怒、收拢人心，重整旗鼓面对从土木堡袭来的滔天巨浪。

于是，这个人还得是王振。

当找到了一个完美的靶子后，帝国的官员们终于松了一口气，剩下的就是要把这个解释编得更完美一点。

在朝廷前期得到的情报基础上，朱祁镇以及官员们很大可能低估了敌人的实力和决心，认为这是一场占据优势的歼击战，完全可以速战速决。于是，帝国军队在快速的准备后就出发了。

相比于也先出兵前的大半年准备时间，朱祁镇的第一次亲征实在是太仓促了点，通常认为只准备了五天，甚至是更短的两天时间。

而且可想而知，在这短短几天里，花在为皇帝准备銮驾的时间应该占了不少比重。

等到大军浩浩荡荡地朝着北方进发后，一路上却没有遭遇敌军，原先预料的情形都没有出现。

随军的官员中有人逐渐意识到这次敌人可能没那么简单，十几万大军如果没能及时和敌人决战，那很大可能会被拖垮。

当然朱祁镇不到最后关头，不会接受无功而返。大军一直行进到大同，没等到敌军，却遇上了大雨，致使道路泥泞难以前行。

至此，朱祁镇终于回过神来了，敌在暗我在明，只要也先准备长期周旋下去，那他带出来的十几万军队就是陪他游览塞外风光来了。

再加上这支队伍本来就是临时拉起来的，时间一长必然军心涣散，再走下去估计等不到也先来就自己走散了。

于是，朱祁镇只能决定班师回朝。

剧情发展至此，朱祁镇还算及时醒悟，还没有显露出不可挽回之势。

接下来就进入了最戏剧化的高潮情节。

史书上记载，王振为了带着军队回自己老家耀武扬威，想让皇帝去他家里坐坐，便准备让大军走蔚州—紫荆关路线。但走了一截，他突然又担心军队会损坏家乡的庄稼，随即改道走宣府—居庸关路线。

当我们理性去看待的话，就会发现这实在是经不起推敲的解释。

王振刚刚还是个自私之人，只想着把军队带回老家炫耀而不顾皇帝安危，但一转眼又变成了担心家乡田土庄稼的人，这前后矛盾的做法实在有违史书上辛苦塑造出的典型负面形象。

对此唯一合理的解释就是这些决策都是朱祁镇亲自作出的。

实际上，在《宣府镇志》里记载，王振曾建议英宗从紫荆关回朝。因为既然已经采取了躲避交锋、班师回朝的策略，当然是越快进入关内越安全。

虽然紫荆关比居庸关距离北京远，但蔚州比宣府距离大同更近，从蔚州到紫荆关也比宣府到居庸关近，也就是说蔚州—紫荆关比宣府—居庸关能更快离开战场，进入关内。

因此，通常情况下都会选择走紫荆关路线，随行官员中肯定也有如此建议的。

然而，朱祁镇往蔚州方向走了四十多里后，最终还是选择了北上奔宣府而去。背后的原因只能是原定战略被突然改变，而能做到这一点的只有皇帝。

说好的御驾亲征，结果别说打仗了，连也先的面都没见到，如此回朝实在是有点憋屈。朱祁镇又想起了父辈们的光荣事迹，心有不甘，还是想再搏一把。

另外，他们前脚离开大同，也先后脚就赶过去横扫了大同周边的堡垒，只剩大同在主将郭登的坚守下勉强支撑。附近的烽燧堡被打残后，基本就等于切断了明军重要的信息来源，无法第一时间掌握也先的动态。

在信息孤岛中，朱祁镇知道走居庸关入京会更远，但宣府、怀来一带多是崇山峻岭，他觉得蒙古铁骑应该很难展开，甚至幻想有可能借助地形优势诱敌深入，在山地之中打一两场伏击战，好歹挽回一点颜面。

于是，他一边往回走，一边在等待着想象中的时机。

等到大军离开宣府往居庸关进发的时候，也先又是紧接着赶到，同样把周边的堡垒打残，只剩下宣府一座孤城。此时的宣府只有一万三千多兵力，只够自守。

宣府的战报传到朱祁镇那里后，他觉得这似乎是个机会，于是将大部队驻跸，先派了吴克忠、吴克勤兄弟率一万人去拒后迎敌。

值得注意的是，这两个人是归化明朝的蒙古人。

朱祁镇特意派了两个归化的蒙古人去拒后，很有可能是看重他们擅于机动作战的能力，所以给他们的任务可能并不是直接作战，而是试探敌人的虚实。

但没想到，吴氏兄弟还是没有也先老辣，一万人的先遣部队没多久就被包围消灭。天色将晚的时候，主将战死、全军覆没的战报传回。

朱祁镇随即又派朱勇、薛绶带着四万人朝着后方赶了过去。这支部队应该算是此次亲征队伍中的精锐了，有着很高的骑兵比例，机动性较强。

按正常逻辑来看，军队在跑路的时候，明知道拒后部队已经覆没，肯定不会再派精锐部队去继续拒后送死。

有可能的解释是，朱祁镇的真实计划不是让这支部队拒后，而是要在后方找到也先，寻机与之展开战斗，然后自己再带兵杀回，再加上宣府部队的增援，将也先部队彻底解决。

朱勇部队是他最后的筹码，这步棋也是班师回朝前的最后一次尝试。就算朱勇没能和也先展开战斗，但这数万人的精锐怎么着也够周旋好一阵了。只是没想到四万人的精锐仍然是送死。

按照《平阴王朱勇神道碑》的说法，他们行军到鸡鸣山、鹞儿岭一带后，军队还没来得及摆好阵形，监军刘僧贪功冒进，在没有弄清楚地形和敌人的虚实情况下就带着部下突入隘口。朱勇担心刘僧乱来，只能率军进援。结果正中也先埋伏，军队瞬间溃败，朱勇和刘僧都死于战中。

鹞儿岭位于鸡鸣山北面，四周都是崇山峻岭，只能从狭窄的关隘通行。军队在此本来就施展不开，敌人设伏又很难发现，简直就是死亡地带。朱勇常年领兵打仗，不可能不知道此处凶险，断不会贸然进入隘口，其墓碑上的记载应该是可信的。

从土木堡掀起的巨浪

吴克忠和朱勇的相继战败，让亲征军损失了四万到五万的兵力，已经占到了总数的三分之一，而且这些都是精锐力量。

更重要的是，两战皆是全军覆没、主将战死，这对朱祁镇和亲征军产生了极大震撼。

朱祁镇终于彻底清醒，他根本不是也先的对手，也不再抱有打败也先的幻想，他现在只想赶紧跑回北京。

回城的路上，亲征军选择了在一处地点驻扎，未曾想这里却成了他们最后的归宿。这个地方叫土木堡。

至于朱祁镇为什么要驻扎在地势高，又缺少水源的土木堡，历来有很多说法。有说是后续千余辆辎重车没赶上，王振舍不得里面的财产，所以坚持要停在土木堡等待。

也有说法认为，在朱祁镇抵达土木堡之前，最近的怀来城已被阿剌知院所率领的部队占领了，从而切断了亲征军继续南下前往居庸关的路线，使得进怀来城驻扎或者按照兵部尚书邝埜的建议皇帝銮驾先行驰入居庸关都无法实现。

但这两种说法都不大能站得住脚。

对于第一种说法，此时亲征军的战略已经是顺利逃回京城，如何快速行军通过居庸关才是当务之急。

大部队行军中，辎重车辆本来就走得慢，所以跟在部队末尾。朱勇部队失败后，也先乘胜追击，这些辎重部队肯定是在劫难逃，等他们过来会合无异于痴人说梦。

王振即使再贪心，也不可能不清楚眼前的风险。敌人在后面穷追不舍，自然是保命要紧。所以这个说法纯属于强加到王振身上的无稽之谈。

对于第二种说法，《英宗实录》里已经给出了答案。

其中明确记载，另一支蒙古军队从土木堡北边的麻峪口攻入，守将郭懋力战不敌。这支部队应该就是阿剌知院带领的军队，之前一直独立在东边活动，袭扰宣府周边地区，但并没有和也先形成配合。

在朱祁镇驻扎土木堡后，该部由独石、马营方向南侵，守备马营的是宣府总兵官都督杨洪之子杨俊，守备独石的是都指挥赵玫，结果两人都弃城南逃，致使阿剌知院部长驱直入打到了麻峪口，打败了据守此处的郭懋部队，成功突破了防线，与从鹞儿岭之战乘胜追过来的也先部队形成合围之势，掐灭了朱祁镇最后一线逃生的机会。

朱祁镇在经历了两场大败后，对蒙古铁骑产生了一定的畏惧心理。部队行至土木堡时，虽然距离怀来城只有二十多里，但天色已晚，军心又涣散，已无力再继续行军。

他最终选择了在地势高峻的土木堡扎营，而没有选择在桑干河旁边，主要还是担心平坦地区难以抵挡蒙古铁骑的冲击，觉得在山林间比较安全。

当然，此时的他根本没有想到土木堡会陷入缺水的困境。

土木堡南北有半公里，东西有一公里，城墙有七米左右，整体呈船形。明朝在此建堡，不可能不考虑到水源问题。实际上，土木堡本身就有水源，而且桑干河也距离不远。

但当时正值秋季，北方地区干旱少雨，土木堡内的水源干涸了，同时桑干河又被蒙古军队控制，水源一下子成了朱祁镇军队的致命问题。

亲征军八月十四日驻扎进土木堡，本以为能做休整，但没想到连口水都没有。第二天中午，在烈日炙烤下，人马都已经极度缺水，一直向下挖到两丈都没有挖出水。朱祁镇和亲征军已经到了濒临崩溃的边缘。

对也先来说，他终于等到了最佳时机。

他主动提出了议和，朱祁镇赶紧答应，蒙古军队便往后退让出了桑干河。待明军从土木堡中撤出，争相前往桑干河取水而行列混乱之际，蒙古军队趁势发起了总攻。

此时的明军已经毫无战斗力，根本无法组织起有效的抵抗，与其说是总攻，倒不如说是一边倒的屠杀。蒙古骑兵左冲右突，一边砍一边喊"解甲投刃者不杀"，将明军从身体到心理彻底解除了武装。

所幸敌人只顾着抢夺财物，没有一味砍人，亲征军中伤者居半，死亡有三分之一，骡马、盔甲、兵器全都被敌人抢走，外加大明皇帝朱祁镇。

战斗并没有持续多久，甚至连也先都没有想到此次进攻竟然会如此顺利，看似强大的明帝国并非无懈可击，祖先们失去的土地似乎就能夺回来了。

对于朱祁镇来说，如果他就此退幕，由王振背负全部骂名，至少他还能留个兵败殉国的悲壮名声，人们将对他充满了同情和感慨。

但上天仿佛跟大明开了个玩笑，从土木堡掀起的滔天巨浪带走了帝国几十年经营积累下的精锐力量和信心底气，却唯独留下了朱祁镇这个"毒瘤"。

土木堡不仅是帝国命运的转折点，也是朱祁镇人物形象的转折点。

在此之前，他最多是个平庸的守成之主，宠信纵容王振也好，御驾亲征也好，也不过是皇权范围内的常规操作，在帝国政权允许的容错范围内都可以自行消解。

在此之后，他为了活命而甘愿做"叫门天子"，带着敌人一路打到了自己老家门口。

还朝后，又趁着景泰帝病重而发动了夺门之变，继续无赖地坐上了皇位。重新掌权后，竟然堂而皇之地为王振、也先立庙纪念，更是丧心病狂地杀了于谦，清洗了一波景泰旧臣，寒透了天下人的心。

尽管在他自己看来，这些行为都可以找到合理的解释，或者以"人非圣贤孰能无过"来辩解，但如此自私自利、忘恩负义的行为尚不足以为人，更遑论为一国之君呢？

无论他自己或者后人如何洗白他，就如同将正统年间的脏水全都泼给王振，都改变不了他在土木堡之变后表现出的平庸无能且自私无情的形象。

所谓昏君，应该也无过于此吧。

2. 代宗的尴尬和痛苦谁能理解

凿开混沌得乌金，藏蓄阳和意最深。

爝火燃回春浩浩，洪炉照破夜沉沉。

鼎彝元赖生成力，铁石犹存死后心。

但愿苍生俱饱暖，不辞辛苦出山林。

——于谦《咏煤炭》

在将近六百年前的土木堡，明英宗朱祁镇在此度过了人生中最难忘的一次中秋节。

正统十四年（1449 年）八月十五中秋夜，本应是阖家团圆、赏月祭月的日子，但朱祁镇率领的亲征军却被蒙古军队围困，此地又极度缺水，大军已经陷入了崩溃的境地。

在皎洁的月光下，朱祁镇一定无比怀念只有几十里远的紫禁城。此时的他根本不会想到，这短短几十里的距离竟然走了一年。

兵败被擒后，他被也先当作人肉盾牌和移动取款机一直养在军中，最后也先发现他已经失去了利用价值，才将他放回北京，为帝国埋下了一颗定时炸弹。第二年的八月十五，恰巧又是中秋节，朱祁镇悄然从安定门进入了宫中。

老天似乎执意要将这个玩笑开到底，特意挑了个团圆节的日子让朱祁镇、朱祁钰兄弟俩团聚。

从天而降的一次性皇位

一年的时间并不长。

当朱祁镇随也先部队到处叫门，或者在草原上惶惶度日时，帝国朝廷正忙着迎立郕王、组织保卫战、狙击也先，收拾危在旦夕的大明江山，拯救陷于铁骑的数百万北方人民。

人们还清晰记得一年前，当土木堡兵败的消息传到京城后的震惊景象。

彭时在其笔记中记载，郕王朱祁钰监国时，在午门外视朝理政。官员们请求处理王振等人的误国之罪，刚开始读弹劾的奏章，锦衣卫指挥马顺就呵斥着让他们散开。

户部给事中王竑站起来一把抓住马顺，大声说："他就是奸党，应当除去。"朱祁钰见场面失控赶紧退回门内，官员们将马顺群殴致死，之后又打死了内官毛贵、王长随。

这种触目惊心的场景表明当时朝廷群臣心里的悲愤已经到了无以复加的地步。彭时当时居丧未出，事后听到觉得惊骇不已，在笔记中感慨土木堡之变已经是"非常之变，而此举亦非常之变也"。

由于北方防线崩溃，京城精锐力量瓦解，从土木堡掀起的滔天巨浪直奔京城而来，防务空虚的北京似乎瞬间就要覆灭。

幸运的是，此时的帝国正值鼎盛时期，尚有足够强大的向心力，更有一班以于谦为代表的能臣在危急之时站了出来力挽狂澜。

朱祁镇身陷后，留下的太子朱见深才两岁，为了避免主少国疑，朝廷当机立断决定由朱祁镇的弟弟郕王朱祁钰监国。

八月二十九日，文武百官在文华门请求朱祁钰继位。郕王再三推辞，王直、于谦、陈循等劝他以宗庙社稷为重，力请不退。

之后，孙太后也同意由郕王继位，但开出的条件是不允许动朱见深的太子之位。得到了太后旨意，郕王才同意十天后正式即位。

面对这从天而降的皇位，朱祁钰是真有犹豫的心思，而不纯粹是客套性的推辞。毫不夸张地说，当时的帝国很有可能就走到头了，或者就是像宋朝那样南渡偏安，将北方江山拱手相让。

无论是哪种结局，在位的皇帝都会以亡国之君的身份载入史册，永世不得翻身。

白送的皇位固然诱人，但也有一个最朴素的经济学道理不难理解，如果一个产品表面是免费的，那它的实际代价就是这个使用者本身。

没错，他朱祁钰自身就是坐这个皇位的代价。

国不可一日无君，朝廷官员们"思得长君以弥祸乱"，只要那个位置上有人，那整个国家就有了主心骨和向心力。那个人甚至不需要做什么，只需要安安稳稳地坐在那个位置上，把事情交给官员们去做就可以。

通俗点说，他们找的是一个合适的佛像，不用说话，供在上面就好。如果老朱家找不着合适的成年人，那个两岁的太子也不是不能坐，无非就是像爱新觉罗·溥仪三岁即位的事情提前了几百年上演。

实际上当时对于由谁来做这个"长君"的确有三个候选人，一个是宣宗的弟弟襄王朱瞻墡，一个是已经在监国的现任皇帝的弟弟郕王朱祁钰，最后一个就是英宗的儿子太子朱见深。

孙太后肯定不愿意襄王即位，这样她一下子就成了平辈了，到时候可能连皇宫都住不了了。朝臣们则不愿意找朱见深，毕竟小太子话都说不清楚，之后肯定是升格为太皇太后的孙氏在幕后听政了。所以最后选中朱祁钰必然是朝廷重臣和皇室家长孙太后共同商量而达成妥协的结果。

这些道理朱祁钰当然明白，所以他对皇位不可能没有过犹豫。

尤其是孙太后提出的那个特别损的条件更令人心寒，这就是明确地告诉朱祁钰，给你的皇位只是一次性的，不能传给你儿子，皇位还是属于朱祁镇家的。

这么天才的条件一定是那些官员们绞尽脑汁想出来说服孙太后的，否则站在孙太后的角度上，让朱见深继位还更有利，至少她会升格为太皇太后，而且可以名正言顺地辅政。

由朱祁钰继位的确可以说是以孙氏为家长的现任皇室做出的巨大让步，或者也可以说是由于孙氏的影响力不够大而被迫做出的让步。虽然这个决定导致了几年后的夺门之变，使帝国皇权更迭再次发生了畸变，但至少完美解决了当时的危机。

九月初，朱祁钰正式即位，遥尊朱祁镇为太上皇，并特意交代各处边塞，之后再来叫门的不是皇上，而是太上皇了，要有点眼力见，适当的时候可以不理睬。

这一系列操作在土木堡之变后不到一个月内就完成了，展现了文官集团极高的政治水平，既挽回了帝国的尊严，又能迅速恢复中央政府的政治秩序，更直接将也先手里肉票的价值打了对折。

所以也先明白了，支票必须要赶紧兑现，时间越长越鸡肋。

北京，北京

十月十日，也就是朱祁钰继位后的一个月，也先带着太上皇打到了北京城脚下。

明朝开国后最大的危机到来。

面对乌泱泱的敌军，北京只有留守的残缺兵力，从纸面上看虽然毫无胜算，但北京还有坚固的城墙以及那些官员们比城墙还坚韧的决心。

在北京似乎守不住的情况下，自然有人提出南迁。但以于谦为代表的主战派则坚决反对，因为宋朝南渡离他们并不遥远，他们不想重蹈覆辙。

幸运的是，新皇帝朱祁钰是清醒而理性的，他站在了于谦这边，将京城防务全部交给了于谦。此时的于谦是兵部尚书，虽然他之前一直是文职官员，但实战将证明他也是个优秀的指战员，或者说天才就是全才。

于谦一边充分调动京城留守兵力，一边积极召集从北方溃败逃回的士兵，告示他们不仅不追究责任，如果回营还有额外赏银。于谦就这样靠着临时组建的军队与也先相持了两三天时间，度过了最危险的阶段。

之后，内阁陈循又建议下诏调集各地精锐部队进京作战，并且公布了好几道圣旨榜文昭示天下，擒斩也先的人"赏万金，封国公"，主要目的就是离间本就不是很团结的蒙古集团。

也先久攻北京不下，军队内部人心浮动，后方大本营更是有人心怀鬼胎，再打下去估计老家都回不去了，于是五天后也先就退兵了。北京保卫战以帝国完胜终结。

北京保卫战一直被后世津津乐道，于谦经此一战几近封神。

不过当时的他们根本不会想到这一战会被捧上如此高的地位，对他们来说时局的确非常艰难，但作为臣子就是应当为朝廷守住北京，作为官员就是应当为天下百姓守住北京。

这种在他人眼里是荡气回肠的壮举，在他们看来正是责任所在，无非是比平常更为辛苦。彭时只在笔记里写到，当时内阁的官员都是天没亮就进去，一直到天黑才出来，"勤劳比他日为甚"。

他们身上这种责无旁贷的担当和举重若轻的气度正是千百年来中国文官以家国天下为己任的优良传承，而终明一代，以此时最为鼎盛壮观。

他们真正做到了文官救国，一生抱负和满腔热血终于有了完全施展的机会。他们力挽狂澜的作为赢得了盛名，更获得了新君的信任。

此后的于谦虽然还是兵部尚书，但朱祁钰对他的倚重已经到了无以复加的地步，是真正意义上的帝国首相。

无论从哪方面看，于谦都当得起这份信任。

在他被冤死后，人们将他和岳飞并列纪念，只是因为人们知道他们心中装的是江山社稷和芸芸众生，是真正坚信"社稷为重，君为轻"理念的读书人。

除了广为人知的《石灰吟》外，于谦的《咏煤炭》也寄托了他的心志。他们是天下士子的表率，华夏民族的脊梁，正是有了无数像他们这样为苍生奔走的人，中国才会是现在的中国。

3. 平辈的太上皇能算太上皇吗？

少年骑骏马，意气两相骄。
驰骋春风里，人看满渭桥。

——徐有贞《少年乐》

当朱祁镇在土木堡玩脱了以后，留给帝国的除了要面对大军压境外，最大的难题就是他还活着。

历史总是惊人的相似，当皇帝被俘的消息从土木堡传回北京后，人们一定想起了三百多年前的靖康之变，唯一不同的是那次抓了两个。

我们无法想象当时留守在帝国中央政府的官员们如何度过那段煎熬的时间，但凭着他们坚韧的心性毅力和高超的政治水准，他们迅速实施了一系列应对策略，让明帝国走出了沉陷的泥潭。

这些策略如同治疗危重病人的医疗方案，救活病人的同时很可能会留下后遗症，其中以尊朱祁镇为太上皇最为严重。

草原上最大的官

靖康之变中的两位皇帝最后都以囚犯的身份死在了北方，宋徽宗死于五国城，而宋钦宗是死在北京。

如果按照靖康之变的剧本，朱祁镇基本就是留在草原终老了，包括他自己都预计是这个结局。有句话说得好，有些人虽然活着，但在大家心里其实已经死了。

所以当朝廷尊他为太上皇的时候，其实所有人都心照不宣地默认他已经死了，根本没有想到他还会活着回来，而且还那么快。

在当时的局面下，这已经是最天才的策略。

也先抓到朱祁镇的时候，他还是大明当朝皇帝，一个月不到就变成了太上皇，真要论起来比蒙古大汗还要大，他就是草原上最大的官。

估计也先内心是崩溃的，活捉大明皇帝本来就是这次南下行动的意外彩蛋，本以为有了这个王牌一定能让明朝手足无措，但没想到明朝的官员们这么快就找到了应对之策，使王牌变成了铁牌。

之后，也先还想趁热打铁，趁着京城防务空虚就去直接攻城，想着收复大都指日可待。结果，常年作战的蒙古将领竟然打不过一群知识分子，刚从战场上大获全胜的军队竟然打不过那些临时组建的守城部队。

在开局占据如此优势的情况下都被逐步消耗瓦解，也先知道大势已去，在北京只打了五天后，便领着部队退回去了。

当然，他没有忘记把太上皇带走。回去的路上，也先从北京良乡撤到了紫荆关，又顺道把沿途地区抢掠一空。

也先与朱祁镇

也先何许人也？如果说此时的朱祁镇是草原上最大的官，那也先就一直是草原上最灿烂的那朵奇葩。

在也先的父亲绰罗斯·脱欢时期，瓦剌就已经统一了蒙古东部地区，跻身草原实力派。宣德时期，帝国对北方的战略实际已经转为和平共处，洪武、永乐时期的铁血征战耗费甚巨而效果堪忧，实在难以为继。

敏锐的脱欢把握住了关键的转机，于宣德八年（1433年）立脱脱不花为大汗，之后也玩起了挟天子以令诸侯的手段，在他生命的最后五年时间里将松散的蒙古高原各处势力重新整合起来，为他后继者的霸业打下了扎实的基础。

所幸虎父无犬子，也先比他父亲更具野心和实力。

他于正统四年（1439年）承继父业，自称太师淮王，之后向西攻破哈密，对明帝国西北边境形成威胁；往东攻击兀良哈，征服了女真，势力甚至延伸到了朝鲜北境。

此时的也先虽然名义上为臣，脱脱不花为君，但实际的权力都把持在也先手里，他对大汗之位的觊觎之心已经昭然若揭。

每次去明朝入贡的时候，脱脱不花和也先主臣二人竟然都派使者，而明朝政府也分别下发两份答谢的敕令，对此不加干预，甚至颇有主观离间之意。

当也先控制了整个北方地区后，他的目光自然不再局限于这片贫瘠苦寒之地。他要往南，他要重现先祖睥睨天下的荣光。

与那些甘心在草原放牛打猎的人不同，也先的目标是整个天下，至少是建立能与明廷分而治之的北方帝国。

所以在土木堡之战后，他没有选择去趁势劫掠，而是直接去攻打帝都北京。然而，并不是所有人都能认同他的远大抱负，更不会追随这个虚无缥缈的目标。

北京之战的被逆转其实就是内部分歧的后果，但也先看不见，或者是他觉得凭借其天纵之才定能实现其抱负，这些分歧都不足为虑。

从北京撤军的也先不会知道，这将是他此生中踏足过的明帝国最南之地。

之后，他与脱脱不花的矛盾公开化。脱脱不花的妻子是也先的姐姐，也先想立姐姐的儿子为太子，但脱脱不花却立了另外的儿子。

景泰二年（1451年），双方终于兵戈相见，最后也先获胜，并且乘着兵锋所指，胁迫东部的建州、兀良哈，西边的赤斤蒙古、哈密全部臣服于瓦剌。

景泰四年（1453年），也先终于实现了大汗梦，自称"大元田盛（天圣）大可汗"，并且建立了年号"添元"。他的意思很明显，就是以此代表着重建元朝。

他甚至异想天开地希望得到明帝国的承认，便派遣使者出使明廷，并亲自致书说现在自己已经做了元朝皇帝，国土、人民和传国玉玺都得到了，希望明朝也能派遣使臣和好，咱们两家"共享太平"。

他知道明朝对没追回传国玉玺耿耿于怀，而中原地区便又非常在意这些仪式化的细节，于是特意在信里强调他拿到了传国玉玺，暗示他是天选之子。

当然，明廷就算再迂腐，也不至于到吃他这一套的地步，官方回书中只承认他是瓦剌可汗，没有承认所谓元朝可汗的身份。

不幸的是，成为可汗的也先再也没有精力去实现他的伟大抱负了，内部各股势力躁动不安，外部的明帝国经过改革后武力也逐渐恢复，他面对的是一个内忧外患的局面。

两年后，曾一起在土木堡围剿明军的阿剌知院攻打也先，也先被暗杀身亡。后蒙元时期最具实力的那只雄鹰还没来得及飞出草原，就折翼于内部纷争。

蒙古已不是曾经的蒙古，失去了先辈们无畏的勇气，而白白错过这段最有利的时期，再也不复往日的辉煌。

正因为也先的目标是与明廷共天下，所以他不会虐待欺辱朱祁镇，而是对他平等相待。

虽然太上皇只是个名头，但不管怎么说也是明帝国皇权的组成部分。他的身份地位在那摆着，帝国的官员和百姓对他还是保留着尊重的。当然，这里面不包括朱祁钰。

然而，在流传出来的记录里，这一切都变成了朱祁镇以其崇高的人格魅力感化了也先他们，并最终把他放了回来。

也先曾经还想把他妹妹嫁给朱祁镇，在朱祁镇走的时候，也先他们更是下马跪在地上痛哭流涕地说："如今太上皇就要走了，我们也不知何时才能见到您啊！"

这种情景根本不像是朱祁镇被扣押了一年，而是皇帝巡幸视察了一年。

还有一种说法认为，也先没有杀朱祁镇是因为听从了他母亲的劝阻。

也先攻打北京失败后，本想杀掉朱祁镇泄愤，但他母亲劝阻说："我是苏州人，随夫戍边，被你父亲抓了，后来才生了你。我曾经住在中国，曾是太上皇的臣民，天下哪有臣民杀君王的道理呢？"

也先母亲的身世应当不假，在当时北方草原上女子本就如物品，再嫁再育也不是什么稀奇事，所以没有必要隐瞒他母亲原为苏州人后为俘虏的身份。但正好以此来反证，他母亲对也先的影响力估计也是要打问号的。

也就是说，如果也先真的要杀朱祁镇，凭他母亲是很难改变的。这段故事大概率也是杜撰出来，以显示朱祁镇曾为天下之主的身份。

因此，如果以此来说朱祁镇是个足以感化敌人的大好人，那简直是滑稽透顶。

难道也先想把妹妹嫁给他，真的只是想挑个人品好的妹夫吗？难道也先打消杀掉朱祁镇的念头，真的只是因为他母亲曾是苏州人吗？那把也先当成什么人了，他的草原霸主之位可是真刀真枪打出来的啊。

他善待朱祁镇，乃至最终放他回去，都是为了确保自身利益最大化才做出的选择。

放朱祁镇走的时候，也先一定是不会哭的，朱祁镇才最有可能是哭的那个人。

接还是不接，这是个问题

虽说当朱祁镇被尊为太上皇的时候，大家都以为他会留在草原养老了，但那些知识分子们还是希望能迎回太上皇，毕竟皇帝蒙尘是朝廷最大的耻辱。在那个注重君父理念的时代，让太上皇落难在外可以说是不忠不孝。

但全天下最不希望太上皇回来的人正是当今皇上朱祁钰。

当也先向明廷传达出送回朱祁镇的信号时，朱祁钰是犹豫的。如果按照他自己的想法，他一定不会接朱祁镇回来。

但这时文官集团仍然占据着上风，他们没有一味迎合当权者，而是坚持了自认为是正确的大义。这固然是文人难得的风骨，只是之后愈走愈远，甚至演变成了病态的偏执，将帝国拖入无止境的自我消耗。当然这是后话了，此时的文官们还在为迎回太上皇而努力劝说皇上。

对于此事，朱祁钰曾对建议迎驾的大臣说："当初我说不做皇帝，是你们非逼我做的，现在却又要迎回太上皇，你们这是要置我于何地呢？"

可以看出他内心如同小妇人一般的憋屈，当初朝廷为了收拾前夫留下的烂摊子找了他来顶替位置，结果刚刚渡过难关就急着要把那个浑不吝的前夫接回来，根本没有考虑过他的感受啊。

对此，于谦淡定地回复他说，既然对方提出要送还了，那按照道理，咱们是应该要迎回。至于皇位，他很果断地说："天位已定，宁复有他！"朱祁钰见于谦都这么说了，只能同意接回他哥哥了。

其实这也不是说朱祁钰有多么体恤他哥哥，在权力面前哪还有人性，而是他的皇位本来就是临时代理的，此时又是刚继位没多久，根基尚浅，所以他不能不尊重朝臣们的想法。

朱祁钰先后派了李实、杨善两拨人去见脱脱不花和也先，他的本意还是先打探对方的虚实再做打算。

杨善去了之后见到了也先，也先问他："太上皇回去后还会复位吗？"杨善说，朝廷已经有了新皇帝，这是不会再更改的了。

当杨善发觉此时正是迎回太上皇的绝佳时机，他没有等到回来朝廷复命后再听旨意，而是当机立断地将朱祁镇接回了北京。其实，这也是文官们迫切想要迎回太上皇的真实心理。

朱祁镇回北京后就以太上皇的身份住在紫禁城东南方向的附属位南宫，又称崇质宫，当时又俗称黑瓦殿。其实对朱祁镇来说，没有落到宋徽宗、宋钦宗父子的下场，他已经很知足了。

当年宋徽宗死了后灵柩才被接回故国，车驾临行的时候，宋钦宗对宋高宗的生母恳切地说，只要能让他回去，做一个太乙宫主就足够了，可惜宋高宗连这个机会都不给他。明代宗可比宋高宗厚道多了。

至于说朱祁镇在南宫过的日子，大多数人都认为遭到了朱祁钰的苛刻虐待，说是南宫的物资都是限量供应，有时候甚至要靠皇后做针织卖了来贴补。这些说法无非是朱祁镇复辟后而找的借口。

实际上，朱祁镇拥有太上皇的名头，就算朱祁钰一百八十个不愿意，但在朝廷官员们的心里这个太上皇并不是个摆设。

一方面，基于千百年来传承的朝廷礼仪，对太上皇该有的礼数还是要有。也先上贡的时候，就会特意给太上皇准备贡物，太上皇也会相应赏赐回去。

虽然这是规定的礼数，但这种做法一度让朱祁钰很恼火，甚至想停掉与也先的朝贡，最后朝臣力劝，为了避免再生事端，才没这么做。

另一方面，也是最敏感的地方，朱祁镇享国十四年，他在朝中仍然有一定的旧势力。

朱祁钰的出身比不上朱祁镇，他的母亲只是个普通宫女，即使现在荣登大宝，但在人们心中他仍然是个代理皇帝。所以朱祁钰才会重用于谦等人，以稳固自己的力量。

如果朱祁镇正常死亡或者一直流亡在外，这些旧势力自然慢慢会被代谢掉，但他在短时间内就回来了，这些人又看到了死灰复燃的希望。

提高太上皇的存在感，就等同于提高正统年间官僚集团的存在感。之后就不断有人上奏建议景泰帝要按照太上皇的礼数去对待朱祁镇，逢年过节地去跪拜一下，朝廷该给的赏赐一样都不能少。

这自然是让朱祁钰相当不爽，所以提这些建议的人都被抓起治罪了。

在传统的约束和朝臣的争取下，太上皇在南宫断不至于到缺衣少食的窘迫地步，否则太上皇也不会在这几年里接连生了好几位儿子和女儿，甚

这个明史超有料

至这些子女都得到了朝廷的正式封赏。

至于说软禁在南宫，那朱祁钰实在是有口难辩了。

毕竟皇帝的工作起居也就是在紫禁城内的固定位置，后宫各位主也都是有固定的活动范围，不可能随便出宫行走。一个太上皇当然也只能常年在自己的宫殿里活动，况且南宫的规模也不算小，难道太上皇要在整个北京城里溜达才不算是失去人身自由吗？

夺门之变夺的是谁的皇位？

朱祁钰这个代理皇帝做了七年，朝臣们对他的评价总的来说还是认为他是个不错的皇帝。君臣之间的沟通积极有效，各项改革都得到了皇帝的大力支持。

帝国的北方再次构建起了强大的防御力量，使北方势力不敢轻易南下。都察院负责督管宣府、大同、蓟州三地的军屯复垦，于谦提出的由兵部和都察院联合核查团营人数的"核丁法"得以实施。

帝国的内陆腹地由于小冰河期的影响，连年灾患，旱灾与洪灾交替上演，连南方地区的冬天都奇冷无比。

景泰五年（1454 年）户部奏报，前一年冬天里长江下游"冻死者无算"，仅在长江南岸的常熟县竟然就冻死了一千多人。在各地的地方志中，出现人相食的记录并不少见。朝廷对受灾严重地区减免赋税，赈济灾民，保持了相对稳定的局面。

帝国的西南边，自正统十四年（1449 年）就开始的贵州、湖广、四川地区瑶、苗少数民族起义在景泰朝就一直没有消停过，起义与镇压成为常态，但终究是保持在可控范围内，没有酿成大灾难。

彭时对景泰帝的评价是"敬礼大臣，宽恤民力，赏罚亦无甚失"，基本代表了朝臣们的主流意见。

但他也说景泰帝最失人心的地方在于易储、废后，而这两件事都是和皇位有关。

这也是景泰朝君臣之间迈不过去的坎，太上皇所在的南宫成了帝国最敏感的角落，黑瓦殿上的黑瓦倒更像是暗流涌动的黑云。

自朱祁钰继位那天起，皇室开出的那个不能易储的条件就如同针一样扎在心口。

他知道，就算自己做得再好，在别人眼里他始终是代理皇帝。他呕心沥血地重整江山，结果仍然只是给朱祁镇做嫁衣，在他百年之后这个江山还是要还给朱祁镇的儿子。

凭什么朱祁镇家可以坐享其成，难道仅凭着所谓的天道正统？他当然不服，他迫切要改变。

之前他就一直在试探身边人对于易储的态度，得出的结果并不如人意。

他曾故意用儿子朱见济的生辰来试探内廷资深太监金英："七月初二日，是东宫的生辰吧。"金英立即跪下回答说："东宫生辰是十一月初二日。"朱祁钰听到后只能默不作声。

金英是安南人，永乐五年（1407 年），由征服安南胜利归来的张辅带回，并送入了宫里。金英历经五朝，深得皇室信任。土木堡之变后，说服皇室做出在不易储的前提下由监国朱祁钰继位的决定，金英作为内廷太监也发挥了重要作用。因此，朱祁钰在决定易储前试探金英的态度是非常有可能的。

之后朱祁钰还贿赂朝臣，希望能得到他们的默许。这些朝臣们自然是不同意的，否则他贿赂朝臣的事情也不会流传出来变成了皇家八卦。

景泰三年（1452 年），朱祁钰终于坐不住了，他的独子朱见济已经四岁。由于朱见济不是胡皇后所生，所以胡皇后极力反对易储之事，被朱祁钰废掉了。他果断出手，废掉了朱见深的太子之位，立朱见济为太子，并将太子生母杭氏立为杭皇后。

朱祁钰能成功易储当然不是因为朝臣收了贿赂的原因，而是经过这几年的积累铺垫，他已经有了一定的根基，足以对抗孙太后、太上皇朱祁镇、太子朱见深这一脉势力，对于朝臣的反对他也可以适当施加压力平息非议。

在自己的儿子成为太子后，似乎一切都向着朱祁钰梦想的方向发展。

但是命运又开启了恶作剧模式，转眼到了第二年年底，只有五岁的朱见济不幸夭折。

《明实录》中只有简单的一句"皇太子见济薨，谥怀献"的记载，连一个多余的字都没有。

皇太子的早逝使好不容易平静的储君之争的沉渣泛起，舆论又开始偏向朱祁镇和朱见深父子。

贵州道监察御史钟同上奏说，太子薨逝，就足以证明"天命有在"。这等于是说，你朱祁钰不听劝，非要逆天而为立自己的儿子为太子，结果导致儿子夭折，这就是天数啊。

这基本代表了朝臣们对朱见济之死的主流观点。

朱祁钰痛失独子，而这些官员们非但不体谅他的痛苦，反而将责任怪在他身上，还要借机劝他复立朱见深为太子，简直是伤口上撒盐的行为。朱祁钰当然非常愤怒，下令将钟同抓进监狱，杖责至死。

立储的事情被搁置了三年多，因为期间朱祁钰仍然没有子嗣诞生。直到景泰八年（1457 年）正月初，朱祁钰突然病重不起，局势一下子就复杂起来，各方势力都在蠢蠢欲动。

正月十六，元宵节刚过，宫里的花灯还需一天才换下，朝臣们得到消息说皇帝身体好转了，于是准备在次日早朝时再次请求复立朱见深。商辂、于谦等人早就写好了《复储疏》，只是一直留在内阁，还没来得及呈给皇帝。

然而，次日早朝时，朝臣们等来的不是朱祁钰，而是见到徐有贞出来高声宣布："太上皇复位了！"官员们在震惊中入宫朝拜，见到端坐在皇位之上的正是朱祁镇，这才反应过来，大明的天又变了。那个最不应该继承皇位的人却偏偏做了皇帝。

原来，石亨、徐有贞、曹吉祥等人在凌晨四更的时候里应外合，先是带兵控制了长安门、东华门，之后又撞开了南宫大门，接出了太上皇直奔奉天殿。

殿下的守卫喝止，朱祁镇大声喊道："朕乃太上皇也！"守卫无人敢拦。等到五更时分，宫中钟鼓齐鸣，宫门大开，万事已成定局。

杨煊在《复辟录》里记载，病床上的朱祁钰听到钟声，问周围的人说："这是于谦吗？"周围的人回答说："不是，是太上皇。"朱祁钰喃喃说道："哥哥做皇帝，好。"

夺门之变时，杨煊任御史，算是亲历者，而且他曾弹劾曹吉祥、石亨，与夺门派不是一个阵营。因此，他的记录具有一定的可信度。朱祁钰听到钟鼓声，知道有人篡位了，但他首先想到的竟然是于谦，却没想到是太上皇复位。

那句感慨是朱祁钰在史书上留下的最后一句话，可以看出他心中的无奈与悲凉。

至此，他终于明白了天意难违。

一生忙碌，朝中大小事都听从了朝臣的建议，唯独想努力把皇位留给亲儿子，改变代理皇帝的身份，到头来仍是一场空，皇位和子嗣没有留下，连身后名也没有留下。

即使太上皇朱祁镇能老老实实在南宫待着养老，不和那些宵小之徒搞夺门之变，朱祁钰估计也撑不过景泰八年（1457年）的那个正月。无论是通过生前立储，还是死后遗诏，下一任皇帝只有可能是让朱祁镇的儿子朱见深来做。

所有人都明白这个道理，包括朱祁钰自己。

石亨、徐有贞、曹吉祥之辈还明白，如果朱见深继任，那朝臣中还是以于谦、陈循、王文等人为贵，轮不到他们。

所以他们将赌注下在了太上皇身上，上演了老子抢儿子皇位的神奇剧情。

同父不同命的俩兄弟

明宣宗朱瞻基短暂的一生中只有两个儿子、三个女儿，朱祁镇是孙皇后所生，朱祁钰是吴贤妃所生。

本来两人都走在各自的命运路线上，互不相干，但偏偏在正统十四年（1449年）的时候交织在了一起。

此后，朱祁钰从监国到正式登基，再到收拾山河、治国理政，他突然有了一段由自己亲手开创的时代，他觉得自己是这个时代的主人，而不是代理人，这个时代应该以自己的血脉传承下去，而不是就此终结。

然而，无论他怎么努力，那个阴影始终就横亘在他的前方，让他无法超越。

他唯一的儿子五岁就早夭，此后依然没有子嗣诞生，而那个太上皇在南宫这几年竟然都生了三个儿子、六个女儿。

命运似乎故意在捉弄他。

实际上并不是天意没有站在他这边，而是现实中的所有人都没站在他这边。

无论是皇室内部，还是外廷官员，大家都认准他就是个代理皇帝。他倚重的那些官员的确是国之栋梁，但那些人一心为国不为君。

他身边亲近的太监以成敬为代表，此人是永乐年间进士，后因晋王朱济熺案被牵连而受了腐刑，之后被派给朱祁钰讲读。成敬是正儿八经的读书人，同样是一身正气，得宠却不揽权，如此内官怎么能和朱祁镇身边的曹吉祥之流相提并论呢？

所以当朱祁钰一边努力干活，一边想方设法地易储时，身边人都站到了他的对立面，而朱祁镇却在那些投机分子的鼓吹下做起了复辟的美梦。

尤其在朱祁钰的儿子朱见济夭折后，他们更是觉得此路可行，与南宫的接触更为紧密，在景泰朝末期发生的金刀案就是端倪。

按官方记载版本，朱祁镇将其佩戴的金刀赠予给一个信任的老太监阮浪作为生日礼物，而这个太监又转赠给手下的小太监王瑶。

王瑶在和锦衣卫指挥卢忠喝酒的时候，向卢忠炫耀此刀乃太上皇之物。卢忠于是想趁机诬告得利，便偷走金刀向皇帝告发说太上皇与阮浪、王瑶勾结，意图复辟。

景泰帝当然非常重视，严刑审讯阮浪、王瑶，但他们自始至终都没有松口，无法坐实罪名，最后卢忠被逼得装疯卖傻才得以逃脱。景泰帝虽然很想借此扳倒太上皇，但终究没能如愿。

此后，他命人将南宫的门锁灌铅，周围的树木全都砍掉，防止有人与太上皇联系。

史书中记载此事为的是证明景泰帝曾试图诬陷加害太上皇，但理性去想就会发现此案不可能像表面这么简单。

金刀乃是天子之物，见刀如见天子，持有之人完全可以代表天子，朱祁镇不会不知道其中的重要性。他将贴身之物赐给信任的太监，最大的可能是通过他们来与外界传递信息。

王瑶持金刀去找好友卢忠，也绝不是喝酒聊天，而是试图说服拉拢他入伙。卢忠就算再利欲熏心，也不会诬告到太上皇头上，唯一的可能就是他说的是事实。

在人证、物证俱在的情况下，朱祁钰硬是没能把太上皇怎样，足见其中的阻力有多大。此时的朱祁钰大势已去，再也无法实现心中所愿。

朝堂之上，悲催的朱祁钰才是真正的孤身一人。

复辟后朱祁镇追封了阮浪和王瑶，并将装疯卖傻或者已经是真疯了的卢忠凌迟处死，而这只是他大清洗中最微不足道的一部分。

正月二十一日，朱祁镇改元天顺，第二日就以谋逆罪处死于谦、王文。

对于谦这样的重臣，朱祁镇也有点儿下不去手，但只因徐有贞说了句"不杀于谦，此举无名"，便让他痛下杀手，拉开了清洗景泰朝旧臣的序幕。

如此没有底线，怎么能算是一个好人，更不可能是一个好皇帝。

在上天安排的这场恶作剧里，早就给朱祁镇和朱祁钰俩兄弟写好了剧情，一个不是好人但是好命，一个是好人但不是好命。

如果朱祁钰能活过他哥哥，即使他依然没有子嗣，但帝国至少会交给朱见深，那些无耻之徒的阴谋将不会得逞，于谦等人也不会无辜被害，大明帝国将更快走向中兴，

当朱祁镇决定杀掉于谦的时候，他不会想到好不容易凝聚起来的士子之心将再次分崩离析。

坚持正道的人却成为无耻之徒攫取利益的垫脚石，他亲手将大明朱家皇室打上了忘恩负义、刻薄寡恩的烙印，这样的皇室值得为之共存亡吗？

当灾难再次来临的时候，不会再有人站出来力挽狂澜，只会在船沉之前抢着为自己谋条生路。

一百八十六年后的三月十九日清晨，当北京城被李自成攻破时，崇祯帝朱由检在前殿鸣钟召集百官，却无一人前来。朱由检感叹道："诸臣误朕也！"最后在景山自缢身亡。

那时的他当然不会想到，其实在很久之前，是他们朱家先负的天下。

第五章

祖孙三代——逍遥派皇帝的代代传承

　　成化帝朱见深、弘治帝朱祐樘、正德帝朱厚照这祖孙三代君主除了花边新闻知名度较高外，其作为在民间并没有太多的存在感。更讽刺的是，当我们理性地去审视那些广为人知的故事时，诸如万贵妃、汪直、西厂等，就会发现其中竟然存在如此多的不合理之处。当我们再进一步从历史尘埃掩盖下找到被人遗忘或是刻意丢弃的拼图时，就会还原出一幅更为客观合理的景象。这里将他们祖孙三代放在一起，并不是因为这一脉到此就断绝了，而是因为他们性格中有着容易被人们忽略的共同点，那就是遵从自己的内心，不甘被外界所困。如此，他们可以称为逍遥派皇帝。

1. 万贵妃是深宫里的毒刺还是寒夜里的火花？

天生孔子，纵之为圣。

生知安行，仁义中正。

师道兴起，从游三千。

往圣是继，道统流传。

——明宪宗朱见深《阙里孔子庙诗》（节选）

提起明成化帝朱见深，我们一般会想到什么？

除了之前以 2.8 亿港币成交的成化斗彩鸡缸杯外，恐怕只剩下了年长他 17 岁的万贵妃和西厂汪直这两个污点了吧，接着就想当然地给贴上了恋母、软弱、昏庸之类的标签。

然而当我们再去深入思考时就会发现，历朝历代皇帝中庙号能顶着"宪"字的基本上都是有一定作为的中兴之主，绝对不能是碌碌无为之辈。即使不了解庙号"宪宗"的具体含义，就从现在法治社会的根本大法《宪法》的名字上也能看出"宪"字的重量。

也就是说，明朝当世之人对朱见深的评价绝对不是后人看到的模样，拨开那些纷繁杂乱的历史尘埃，万贵妃到底是一个什么样的人呢？我们应该怎样看待她和朱见深呢？

"贞儿不在人世，我亦不久矣！"

朱见深娶了比他大十七岁的万贞儿，这是不争的事实。别说当时社会接受不了，就是放在现代中国也是妥妥的热搜事件，更何况当事人还是一国之君。

中国自古对姐弟恋还是持一定的鼓励态度，毕竟单身男青年能娶到媳妇就是件可喜可贺的事了，这也有谚语为证："女大一，抱金鸡；女大两，有福享；女大三，抱金砖；女大四，福寿至；女大五，赛老母；女大六，乐不够；女大七，笑嘻嘻；女大八，准发家；女大九，样样有；女大十，样样值。"

但是谚语顶了天也只能编到大十岁，因为再往后娶的就不是新娘了，更大的概率是后母。

朱见深登基继位时十七岁，正是青春鼎盛、意气风发的年纪。虽然接手的国家刚被自己的亲爹朱祁镇折腾得不轻，但瘦死的骆驼比马大，大明帝国仍然有着睥睨四方的霸气。

就是这样的一国之君，却在登基之后立马娶了一直在身边做保姆的万贞儿，封她为才人，一下子抱了六块金砖。

万贞儿也很争气，冒着高龄产妇的危险，在第二年正月就生下了皇长子，于是顺理成章地被加封为贵妃。如果不是真实历史，这种剧情只可能在小说中出现。

至于为什么要娶她，连朱见深的母亲周太后都想不通，甚至直言不讳地问道："她到底哪里好看了，让你如此恩宠（彼有何美，而承恩多）？"宪宗回答道："我有痼疾，非妃抚摩不安，不在貌也。"

他非常明确地告诉世人，他并不是因为万贞儿的外貌而宠幸于她，而是万贞儿能带给他身心安宁。

结合朱见深的经历和性格来看，此言不虚。

在他踏踏实实坐上皇位之前，老天似乎一直在和他开玩笑。出生既是太子，但在两岁的时候父亲玩了回御驾亲征，把皇位连同帝国精锐部队全赔了出去，结果沦为俘虏。

他叔叔来京城继位做了明代宗，本来说好只是皇位的临时工，不会废掉他的太子之位，但临时工毫无意外地迅速爱上了这份职业，自己给转正了，一下子成了皇位的搬运工，又把自己儿子换成了太子，准备把全家都奉献给国家，不打算再回乡做王爷了。

可怜朱见深一下子从后宫香饽饽变成了冷馒头，在偌大紫禁城里的某个角落自生自灭。

冷宫寒夜里，唯有万贞儿一直陪伴在朱见深左右，对他不离不弃，不仅把他养大，更给了他难能可贵的安全感。

万贞儿长得并不好看，野史中甚至还有"貌雄声巨，类男子"的记载，再加上时常一身戎装的打扮——"帝每游幸，妃戎服前驱"——基本上可以用魁梧彪悍来形容了。

朱见深从小长在深宫，太子身份被废之后，少不了会受些宫里人的冷眼欺负，彼时的万贞儿便像母亲般护他周全，在他心里留下了自带圣光的形象。

随着朱见深长大成人，这份感情也越发深沉，两人的命运已经紧紧维系在一起。朱见深继位后纳她为妃，也绝不是为了报恩，或者仅仅是留她侍候在旁，而是出于真正的感情。

万贞儿死后，朱见深悲痛不已，甚至哀叹道："贞儿不在人世，我亦不久矣！"更是坚持将贵妃的葬礼一如皇后之例，辍朝七日。

八个月后，朱见深果然随她而去。

如此不顾世俗偏见的一生相随，真就是只在小说里的杨过和小龙女了。奇怪的是，人们总津津乐道于过儿与姑姑的缠绵悱恻，却恶俗地给朱见深贴上恋母的标签。

思来想去，唯一能说得通的原因恐怕也只是因为小龙女的神仙颜值吧，长得好看就是神仙眷侣，否则就是畸恋。

如此说来，五百多年前的朱见深敢冒天下之大不韪，力排众议，忠心相伴万贞儿一生，仅此一点，就不能说他是个软弱之人。

诽谤污蔑是要负法律责任的

如果只以万贞儿的年纪作为攻击对象，力度当然是不够的。

据《明书》记载，上一任皇帝朱祁镇身边的樊顺妃就比他大十三岁。樊顺妃于宣德二年（1427 年）入宫，三十年后朱祁镇复辟成功的天顺元年（1457 年）被封为顺妃，此时的她已经四十三岁了，之后还生了一个女儿，但不久就早夭了。

所以要将万贞儿描绘成一个蛊惑国君、独断后宫、祸国殃民的十足妖后，还得需要一些更有冲击力的故事。

其中最广为人知的桥段是说她在自己的儿子夭折后，逼迫后宫怀孕的妃子堕胎，以稳固自己地位，一度让后宫成了不孕不育的不毛之地。

之后朱见深偶然临幸了一位纪姓宫女，还让她怀上了龙种。后宫之人带着不让老朱家绝后的崇高信念，冒着生命危险在万贵妃的魔爪笼罩下把这孩子偷偷养大。

直到孩子六岁的时候才乘机告诉朱见深，让他彻底体验了一把喜当爹的愉悦。这孩子顺理成章地成了太子，孩子母亲和那些保护他的人更是顺理成章地被万贵妃迫害致死。

跌宕起伏的剧情，感天动地的举动，再加上悲壮的结局，这些都是塑造正面人物，衬托反面人物的标配，所以成了污名化万贵妃的最典型案例。

上述故事版本来源于清修《明史·孝穆纪太后传》，因为是官修正史中的记载，流传渠道广、官方背景强，也符合吃瓜群众对深宫内苑的隐晦想象，所以一直以来广为流传。

但当我们仔细去想想这个故事，就会发现里面的逻辑漏洞百出，甚至连自己人乾隆皇帝都看不过去，在《乾隆御批通鉴》里专门收录了一篇乾隆写的《驳明宪宗怀孕诸妃皆遭万妃逼迫而坠胎》文章。

乾隆在文章里写道，按照《明史》中万贵妃"后宫有娠，皆遭潜害"的做法，那之前的太子佑极，生于成化五年（1469 年），怎么就平安无事呢？

如果她专房溺惑，那后宫其他人必然没有机会侍奉皇上，怎么可能后来生子嫔妃之多，竟然一个接一个？比如孝宗受封的当年，共有皇子十人，最小的是宪宗第十四子。

总之乾隆认为，这种宫闱秘事仅凭传闻根据不足为据，或许是因为众人忌妒万安攀附万贵妃乱政，所以才编造些无稽之言归给万贵妃。然而，后世记载不加分辨、以讹传讹，所描述成化年间之事，几乎不亚于汉成帝时的祸水赵飞燕，罔顾其中的前后常识矛盾。

乾隆看出了这个故事版本中的逻辑错漏，略微做了一些反向推理，从而觉得《明史》中对万贵妃的描述纯属无稽之谈，当然他也没空再做更细致的推敲。

不过老实说，明朝后宫很难直接考证，因为有明一代只有很短的时间有起居注，缺少了对后宫事情的直接记载，只能从《明实录》等史料记载中尽力拼凑还原。

关于万贵妃，笔者认同乾隆的观点，但还要继续补充论证，接着把他该做的文章做完。

第一，《明史》的《孝宗纪》、《诸王传》和《孝穆纪太后传》中关于宪宗知道这个儿子的时间点记载前后矛盾。

据《孝宗纪》《诸王传》的记载，孝宗生于成化六年（1470年）七月，前任悼恭太子于成化七年（1471年）死后，宪宗始知之，并放在周太后宫中养育，一直到成化十一年（1475年）十一月，立为皇太子。

按照这个时间线，孝宗出生没多久宪宗就知道了。但是在《孝穆纪太后传》描写的经典版本中，宪宗是到成化十一年（1475年）才知道有这么个六岁的儿子，和前面的时间点自相矛盾。

第二，《明史》关于孝宗何时交由祖母周太后宫中抚养也存在矛盾。

按《孝宗纪》记载，孝宗是先放在周太后宫中抚养之后才被立为皇太子。但《孝穆纪太后传》中记载的却是孝宗被立为皇太子后，皇太后对宪宗交代"以儿付我"，太子才被送到了仁寿宫抚养。从这些明显的矛盾点基本可以判断《明史》中关于孝宗早年的记载不足为信。

第三，对《明史》中这段史料追根溯源，也就是来源于宫里太监的口口相传，可信度很低。

这段记载援引自明末毛奇龄的《胜朝彤史拾遗记》，而毛奇龄这段文字又是来自成书于万历年间的于慎行编的《谷山笔尘》。

于慎行是内阁大学士，《谷山笔尘》属于个人笔记性质，其中记载的这段故事，据于慎行自己说是"万历甲戌，一老中官为予道说如此"，也就是从宫中的一个老太监口中听来的，和自己撇清了关系。

同样是万历年间的沈德符在《万历野获编》中还特意批判了于慎行的这种做法，他认为："不知宦寺传官讹舛，更甚于齐东，子每闻此辈谈朝家故事，十无一实者，最可笑。"

想来也是，宫里的太监们除了吹一吹皇宫内苑的八卦也没别的谈资了，不把故事编得玄幻一点根本没有市场啊。虽然这个故事也被收录到《国榷》中，但谈迁同时也把于慎行的最后一句话引用过来了，为的就是让读者自行甄别。清修《明史》却随意将可信度很低的个人笔记作为正史记载，实在难逃刻意抹黑的嫌疑。

第四，《明史》版本中曾经秘密保护孝宗的太监张敏是因为交出了孝宗，自知没有好下场，便吞金而死。但在福建厦门同安区留存的《张氏族谱》里记载，张敏是死于成化二十一年（1485 年），并不是《明史》中所说的成化十一年（1475 年）。

第五，其实《宪宗实录》中已经有了清晰的记载。

成化十一年（1475 年），"因乾清宫门灾，上欲显示於众"，这里指的是因为乾清宫发生火灾，于是宪宗想将这个养在宫中的私生子朱祐樘公布于众。可以明确的是，朱祐樘此时已经进了宫，他母亲纪氏还留在安乐堂。

而万贵妃对于朱祐樘是什么态度呢？

答案在商辂的奏疏里："臣等仰惟皇上至仁大孝，通于天地，光于祖宗，诞生皇子，……重以贵妃殿下躬亲抚育，保护之勤，恩爱之厚，逾于己出。……但外间皆谓，皇子之母因病另居，久不得见，揆之人情事体诚为未顺。伏望皇上敕令就近居住，皇子仍烦贵妃抚育，俾朝夕之间便于接见，庶得以遂母子之至情，惬众人之公论，不胜幸甚。"

这里面讲了三件事，一是皇子由万贵妃亲自照顾；二是皇子的生母还住在别处，母子不得相见；三是请求皇帝将皇子生母搬进宫里，皇子还是由万贵妃抚养，但使母子能常常相见。

所以答案就是，朱祐樘入宫后是一直由万贵妃在亲自照顾，直到被立为太子后才住到了周太后的仁寿宫。

随着时间流逝，以及流言的滋生，事实已经彻底湮灭。但无论如何，《明史》中关于万贵妃的故事版本实在与事实相去甚远，我们欠万贞儿一个公正的说法。

2. 汪直，从前的那个少年

云山叠叠树高低，景色苍茫望欲迷。
江上有舟人荡桨，林间无路石成蹊。
柴门昼掩车尘杳，茅屋春来野鸟啼。
昭代微贤勤束帛，高才未许学幽栖。

——商辂《山水》

成化二年（1466年）正月，朱见深与万贞儿的第一个也是最后一个孩子出生。

成化帝的欣喜可想而知，便将万贞儿加封为贵妃。然而，皇长子只活了十个月就夭折了。万贞儿比朱见深大十七岁，今后可能再也无法生育了，昭德宫中笼罩着深沉的悲痛。

没过几个月，自成化元年（1465年）就开始的大藤峡之战获胜班师回朝，随军还带回了一批瑶族幼男，被去势后送入宫中。

其中有一个小男孩被送到了昭德宫，因其聪明伶俐，在一定程度上慰藉了朱见深和万贞儿的丧子之痛而深得宠爱。

大藤峡之战的韩雍、赵辅等将领们根本不会想到，这个叫汪直的小男孩，今后的剧情将比他们还要浓墨重彩。

第一次提督西厂的汪直

在人们普遍的印象中，西厂是为与东厂相抗衡而设立的，也知道汪直作为西厂首领没干什么好事，但并不清楚西厂其实经历了三立三废的复杂故事。

其中，最后一次废立是在正德朝，而前两次废立是在成化朝，而且其中的关键人物就是汪直。

汪直进昭德宫侍奉万贵妃后不久，朱见深就让他做了御马监太监。御马监是仅次于司礼监的内廷核心机构，负责管理皇家护卫军队、皇庄皇店等事务。

此时的汪直仍然只是个小孩子，就算再有能力也无法正常处理政务，所以这个位置更像是皇帝赏赐给他，以彰显恩宠，提高他的身份地位。

在汪直进宫十年后的成化十三年（1477年），他已经从小男孩长成了少年。

这一年正月，朱见深不满足于现有的情报机构，从锦衣卫中挑选了"善刺事者百余人别置厂于灵济宫前"，为了与东厂相区分，这个新成立的机构叫作西厂，并由汪直负责。

西厂的职责就是"广刺督责，大政小事，方言巷语，悉采以闻"，简单来说，就是和东厂一样，负责调查搜集各种大小事情，都是情报机构。

西厂的设立给了汪直第一次登台亮相的机会，但它的设立诱因倒是非常玄幻。

在设立的头一年，京城中有妖狐或者黑眚的说法流传，说是京城有一商人外出经商带回一个美女，结果第二天全家所有活物都死光了，包括猫、狗、鱼这些宠物，而那个美女却不见了踪影。

之后，就不断有人说晚上看到有黑色人影（也就是古时传说中的黑眚）在四处游荡，而且又接连发生了好几起命案，闹得京城人心惶惶。

其间，正好又有妖人李子龙借机妖言惑众，吸收了不少信徒，包括宫廷宦官鲍石、郑忠敬等人。此人更是借机混入宫内，跑到万岁山上观察皇宫，图谋不轨。

虽然最后被锦衣卫发现，并全部诛杀清理掉了，但朱见深对此颇为震怒，"锐意欲知外事"。

这个新成立的情报机构自然是应当由他最信任的人负责，那个人就是汪直。

虽然汪直深受皇室恩宠，但正式掌权还是第一次，显然有点生疏。而且可能觉得自己终于等来了大显身手的机会，一定要干出点动静来，于是做事过于急躁冒进，短时间内就招致朝臣的骂声一片。

从《明宪宗实录》的记载来看，西厂自正月成立后就立马忙活起来了。

三月，宁晋县王凤等人被抓，因其涉及谋逆妖书；刑部郎中武清被抓，因官校发现其前往广西办事后，私自夹带货物回到通州，经审讯后没有证据就放了。四月，太医院判蒋宗武被抓；礼部郎中乐章和行人张廷纲出使安南，回来后被抓。五月，执掌太医院事左通政方贤被抓。

这些案件的具体情形没有记载，但也能看出西厂和东厂基本上是一个套路。在西厂撤销后，锦衣卫告诉汪直从他们这调拨出去的人还有二十个在外地，已经很长时间没回来了。西厂总共只从锦衣卫调了一百个人，可见这些人基本都被派往各地去打探收集消息，一旦发现有什么风吹草动就直接抓人，最后查证属实就论功行赏。

这种方式必然会导致有人为了升官发财而捏造诬告，有些故意引诱乡野愚民为妖言，再抓起来屈打成招。如果负责人没有一定判断力的话，很容易被下面人利用。

西厂如此急躁的做事方式很快就惹起了官员们的众怒。四个月后，请求撤销西厂的奏疏摆在了朱见深面前。

《宪宗实录》详细记录了这封奏疏，以标榜商辂、万安、刘珝、刘吉等人的仗义执言。我们来看看他们到底给西厂找到了哪些所谓严重影响朝廷安危的"恶行"。

奏疏里首先说，新成立的西厂"伺察太繁，法令太急，刑网太密"，官校仅凭风闻就随意抓捕朝廷命官，而且也没有出示朝廷正式签发的驾帖，搞得文武百官人心汹汹，"行旅不安于途，士卒不安于伍，庶民不安于业"，承平之世怎么能容忍这样的行为呢？陛下委听断于汪直一人，而汪直就依靠下面的宵小之辈。汪直的过错可能不算大，但群小之中如韦瑛、王英等人却擅作威福肆无忌惮，严重影响了陛下的盛名。这个开头的逻辑还算严谨，矛头没有直接指向汪直。

奏疏的主体部分详细罗列了西厂做的那些事情。

一是对街头斗殴吵架、争鸡纵犬这类的小事都要管，搞得在城军民惊惶不安；

二是不经衙门审理，不走法定程序，就随意抓捕朝廷命官；

三是插手对犯罪官员的追赃行为；

四是跟踪查访京营将领；

五是秘密探查各地镇守总兵等将领；

六是派遣校尉去各地布政司、王府查探；

七是盘查运河往来船只；

八是自立西厂后，汪直每日外出随从众多，遇到官员还要喝令下马，架子太大；

九是西厂属下韦瑛、王英作恶多端；

十是设立西厂本来是为了调查去年七月开始的妖物伤人流言，如今西厂闹得人心不安却和此类流言差不多了。

奏疏最后说，现在汪直尚年幼，未谙世事，什么事都听韦瑛等人的指使，纵然这些行为中有那么一两件看似是"禁革奸弊"，但"祖宗旧制所革未多，其失人心则已甚矣"，请求革去西厂，"罢黜汪直闲住，以全其身"，并将韦瑛、王英由法司会同锦衣卫审查问罪。

从上面奏疏的内容可以看出，里面并什么罪恶滔天、草菅人命的行为，可以想象那些监察官员的行为也基本都是奉皇帝旨意在办事，而且连他们都承认有些行为的确是改革以往的弊政。

这里当然指的是盘查运河船只，当时官员们公船私用夹带货物谋利已经是公开的秘密，只是没有人去管。

所以朱见深看到这封奏疏大为震怒，命司礼监太监怀恩等人至内阁传他的口谕，严厉地训斥商辂等人："朝廷用汪直缉访奸弊，有何坏事？这封奏疏到底是谁先起的主意？"

商辂回答说："汪直违祖宗法，坏朝廷事，失天下人心，我们同心一意为朝廷除害，没有先后之分。"

怀恩说："圣意疑此奏未必四人共同下笔，必有带头的人。"

万安说："汪直挟势害人，人人都要说，只是不敢说而已。我们同受朝廷厚恩，一起拿的主意，没有带头的人。"

刘珝愤然而泣道："我们从东宫就一直侍奉皇上，至今差不多有二十年了，幸而朝廷清明，四方无事，今忽汪直为害，使远近不安，何忍坐视？我们誓与他不共戴天！"

刘吉也说："汪直之罪，纵使我们不说，也会有人站出来说。如今既然奏疏已上，该怎么处置我们都认命，绝不躲避。"

怀恩见他们几个都如此坚决，便缓和了神色对他们说："朝廷命我们来问问情况，你们既然都这么说，那我们就应当据实回话。如果之后皇上召问，你们可千万别变卦。"

没多久，怀恩等人又来传旨说："卿等所言良是，汪直坏事，朕实不知。现在就革去西厂，散遣官校。卿等各安心办事吧。"

于是，汪直在帝国权力中心的首秀伴随着西厂的撤销而结束。

实际上，西厂短暂存在的四个月里并没有做什么过分的事情，而且也看得出来是受了皇帝的旨意才做的那些事情，只是因为这个新成立的机构在汪直的主导下太过急躁冒进，有些行为已经破坏了潜规则，触及了朝臣的利益，所以招致反对。

朱见深对汪直和西厂的行事自然是满意的，只是他也没想到短短几个月时间竟然惹出了这么强烈的反抗声音，所以只能依着官员的请求撤销西厂。

他对此颇有介怀，《宪宗实录》中也记载"上意犹未释然也"，似乎是为之后埋下了伏笔。

权力角逐下的西厂

虽然西厂被迫撤销，但宪宗对汪直的信任并没有改变，经过这几个月的试验，他觉得西厂挺符合自己的预期。

西厂被革撤后，朱见深仍然密令汪直"察外间动静"，并命令"访能文事者"辅助汪直。

可见，他也知道年纪不大的汪直的确需要有精明能干的帮手，否则底下人全都像韦瑛、王英这类货色实在难成气候。

这时，一个九年考核合格都得不到提拔的监察御史戴缙开始动起了歪脑筋，他敏锐地察觉到"西厂虽革，汪直犹幸"，感觉这是个机会，于是假借灾异建言，上奏把汪直猛夸了一顿。

奏疏里说："也没听说群臣革何宿弊，进何策略以匡治理。只有太监汪直缉捕杨华、吴荣等之奸恶，高崇、王应奎等之赃贪，还听取建议释放了冯徽等冤屈的军因，查禁了运河走私的宿弊，这些做法都符合公论人心，足以服众。"

皇上看了之后非常欣赏，顺势让汪直复设了西厂。能在这么短时间内就复设，表明了皇帝对西厂的决心和期待。

虽然《宪宗实录》中对复设后的西厂评价为"诇察益苛，人不堪命，至有破家毁族者，势焰熏灼，天下闻而畏之"，但我们不能只看这充满了主观色彩的论述，还要看看这时的西厂到底干了些什么。

幸运的是，《宪宗实录》中的记载还算客观。

成化十三年（1477年）十月，将南京守备太监覃包调往神宫监孝陵司香。因为此前汪直派手下前往贵州等处缉事，路过南京的时候查到都督李震与覃包私下结交，私通贿赂，李震还凭借权势侵占官街，私自调拨士兵建造房屋等违法行为。

事发后，宪宗派汪直前往南京历数覃包之罪，并将他贬至孝陵司香，同时勒令李震回北京"闲住"。

成化十五年（1479年）四月，汪直发现驸马都尉马诚私通使婢，淫乱无度，请求处理。皇帝认为马诚"不守法律，分外妄为"，最后决定"去冠带，令戴平巾，送国子监读书习礼，仍停其禄米五百石"。

同年七月，掌锦衣卫事都指挥同知牛循有罪下狱。因为此前西厂调查发现他戏狎乐妇、欺罔贪暴、故勘平人（刑律名，指官吏故意违法审讯无罪之人）并致死等违法行为，最后牛循被发配充军。

同年九月，西厂校尉发现发光禄寺卿艾福、少卿秦玘、寺丞顾祯等人"以大祀牲为厨役所窃之事"，艾福等人都被下狱，之后交纳钱财免除杖刑，各还其职。

成化十六年（1480年）二月，西厂及都察院先后奏报巡按李敬假托疾病不朝，实际酗酒无状，请求治罪。

同年十二月，河南道监察御史陈玭巡按云南，之后西厂发现他把持权柄、收受贿赂等事，被抓进了锦衣卫诏狱。

从上面罗列的这些记载来看，西厂基本上针对的是官僚集团，明察暗访出来的线索基本都是确有其事，否则官员们是不会放过这些攻击点的。

有了前一次的经历，再次提督西厂的汪直显然吸取了教训，将西厂打造成了合格的情报机构，也将自己打造成了最具权势之人。

放任汪直坐大，以至凌驾于百官之上，必然是朱见深的意愿，他希望借此来制衡官僚集团，汪直提督下的西厂就是那把最锋利的刀。

重生后的西厂在汪直的带领下平稳地运行了近五年时间，直到提督东厂的尚铭开始逐渐取代了他的地位。

一次，东厂校尉缉获晚上翻越皇宫城墙偷窃衣物粮食的盗贼，太监尚铭报告了皇上，皇帝非常高兴，"甚厚赐赉"。

汪直听说了后生气地说："尚铭是我引荐的人，竟然敢背着我独擅其功。"尚铭怕他报复，便决定先下手为强，暗中调查汪直。

正好查到汪直和兵部尚书王越交好，经常泄露禁中皇帝的机密言语，尚铭赶紧将其报告给了皇帝。

内官与外官勾结，这是朱见深最不愿意看到的事情。汪直的行为违背了朱见深让其提督西厂的初衷，所以朱见深对汪直的信任大打折扣，开始日渐疏远汪直。

到了成化十八年（1482年）二月，他命汪直总镇大同、宣府等处。

这次的调动非常敏感，虽然看似委以他重任，但实际上是让他远离了皇帝身边。对手当然不会放过这个机会。

汪直离开京城一个月后，六科十三道纷纷上奏，指责西厂"苛察纷扰，大伤国体"，请求再次罢撤，皇帝对此的回复是"朝廷自有处置"，表明他的心里已经开始动摇。

这时，内阁首辅万安觉得机会来了。

他先是劝说内阁大臣刘珝："西厂为害久矣，如今科道上奏请求革除，但朝廷不从，我们岂可坐视？应当要立即进言规劝皇上听从群臣的意见。"

刘珝却不以为然地说："西厂行事有何不公道也？"于是，万安独自上书，最后西厂成功被撤。《宪宗实录》对此事当然是持肯定态度，而且结尾的时候还不忘怼一下刘珝，"珝有惭"。

从第二次撤销西厂的过程可以看出，这完全就是一场政治斗争，主角就是得宠的汪直一方和急于巩固势力的尚铭、万安一方。

尚铭作为一个有野心的太监，他不甘心一直屈居于西厂之下，所以他提督下的东厂和西厂形成了直接的竞争关系，决定成败的关键因素就是皇帝的信任，而且是唯一因素。

他也知道，汪直虽然进宫侍奉十五年，但皇帝对他的信任并不是密不透风的。身为内官，他们的致命弱点就是与外官私交过密。

然而，汪直与兵部尚书王越、辽东巡抚陈钺等人颇有交情，这是一个公开的秘密。

尤其是王越，他以功封威宁伯，是明朝因军功封爵的仅有三位文臣之一（另两位是王骥、王守仁）。而他的封爵之战——威宁海之战中，朱永为平虏将军、总兵官，王越提督军务，监军正是汪直。

汪直时常向王越说一些禁中语，之后汪直受了陈钺的挑拨而意欲打压王越，王越却以这些禁中语来威胁他，可见他们都知道皇帝的逆鳞在哪里。

至于内阁首辅万安，对他的评价并没有因为他请求撤销西厂而有加分。万安与万贵妃都姓万，虽然没有亲属关系，但不妨碍万安攀上万贵妃。

他主动献殷勤，甚至以子侄自称。万贵妃本是普通人家出身，没什么家庭背景，故而对此很受用，万安的仕途也颇为顺畅。成化五年（1469年），兼任翰林学士，顺利入内阁参赞机务。

万安入内阁的时候，彭时、商辂还排他前面。两年后，天有异象，群臣们认为是君臣相隔而导致的，在彭时、商辂的强烈要求下，皇上终于同意召见他们内阁大臣。

见面前，司礼监还特意嘱咐他们："这次是初次见面，还不熟悉，不要多言，有什么话等到以后再说。"君臣正式见面后，彭时先说天变可畏，宪宗回答说知道了。

接着彭时还想再说国事，万安却立刻磕头大呼万岁，准备退朝。彭时、商辂也没有办法，只好跟着叩头退朝。

这下万安的名声传出去了，沦为一时笑柄，万安被称为"万岁阁老"。等到成化后期，尹直入阁后，提出希望面见皇帝商议国事，万安劝他说：

"以前彭时面圣，不敢多说话，只知道叩头大呼万岁，贻笑大方。我们在内阁供事，只需把该说的都说清楚，太监会择而闻之，皇上基本都同意，这比面见有效多了。"

能堂而皇之地把这种人尽皆知的事情推卸给别人，可见万安的脸皮厚度。

汪直的坐大明显影响到了万安的地位，他必然会想方设法地予以打击。《明史纪事本末》也是如此认为，其中记载"万安结昭德宫，颇揽权，恶直浸淫"。当打击汪直的机会出现，万安赶紧要落井下石，除掉这颗眼中钉。

客观来说，复设西厂这几年的作为已经成熟很多。外廷官僚集团痛恨汪直和西厂，并非真的为民请命，而是因为西厂就像一柄悬在头上的利剑，对他们产生了极大威胁。

当万安问刘珝意见的时候，刘珝回答的那句"西厂行事有何不公道也"更多的是发自内心的诘问，而不是畏惧权势。

因为刘珝并不是这样的人，在第一次请罢西厂的行动中他也曾义愤填膺、仗义执言。

万安独自上奏后，皇上也很惊讶怎么没有刘珝的名字。万安便趁机安排人诬陷刘珝与汪直有勾结，正好刘珝的儿子"邀妓狎饮"，影响恶劣，于是皇帝大怒，决意罢去刘珝。

朱见深先让宦官覃昌召万安、刘吉赴西角门，给他们看了处理刘珝的圣谕，万安他们还装模作样地为刘珝求情。次日，刘珝具疏乞休，皇帝同意了。

实际上，排挤掉刘珝，正是万安、刘吉两人的阴谋。《明史》评价当时内阁三人为，万安贪婪狡诈，刘吉阴险刻薄，刘珝稍微好一点，但喜欢争辩谈论，给人狂躁的印象。

早在西厂复设后，由于汪直的报复攻击，商辂便决心退休以明心志，朱见深同意了。之后内阁剩下的万安、刘珝、刘吉果然不负众望，获得了"纸糊三阁老"的名声，当然他们并不是独一份，还有"泥塑六尚书"。

宪宗虽然没有像文官集团希望的那样，经常与朝中的股肱之臣面议国是，但他并不是放任自流。恰恰相反，他的治理能力和政治水平在明朝皇帝里完全可以算名列前茅。

虽然一直居于幕后，但他有着极强的控制欲，因此成化年间的厂卫情报机构也再次发展到了高峰。

成化朝的西厂就是在这样的背景下两废两立，满打满算也就存在了五年时间，而这五年也是汪直登台表演的黄金时期。

他并不甘心只做一个御前侍奉而得宠的太监，他更想出去做一番事业，就如同他的前辈郑和。

所以当朱见深第一次把西厂交给他时，他感到无比兴奋，但做事过激被外廷官员群起攻之而被迫做出让步。

及至第二次提督西厂，他行事更为成熟，或者说是他的幕后主人朱见深更加理性。

西厂终于找到了最准确的打开方式，那就是对外廷官员的监督与制衡。

厂卫作为直属皇帝的情报机构，其存在的价值就是巩固皇权。

朱见深有意扶植内廷作为皇权代言人的力量，使其凌驾于外廷官僚集团之上，文官集团被逐步打压下的势弱，才有了"纸糊三阁老，泥塑六尚书"的格局。

外廷官员们都是经过几代积累或者寒窗苦读才有了现在的地位，对于那些走捷径与他们分享权力的内廷太监们自然是轻蔑不屑。

第一次西厂只干了四个月就在商辂等人的极力反对下撤销了，但只隔了一个月就再次复设，这明显就是让商辂难堪，所以商辂在西厂复设后就非常识趣地致仕回家养老去了。

此后几年里，随着内廷中以尚铭为代表的新生力量逐渐成长获得了皇帝信任，再加上汪直喜好军功，在外面督军打仗忙得不亦乐乎，以致其逐渐远离皇室权力中心，给了以万安为首的外廷官员们绝佳的攻击机会。

西厂成为他们之间权力角逐的战利品。西厂被撤，"中外欣然"，时人将功劳算在了万安头上，这也是万安获得的为数不多的肯定之一。

西厂的裁撤并没有影响汪直建功立业的心情，他在大同镇守太监位子上可谓兢兢业业，与王越之间的配合一如既往的默契，在延绥击败了入侵的敌军而获得封赏。

之后，万安等人觉得汪直、王越凑一起准没好事，便以延绥守将许宁代替了王越。汪直与许宁互相不对付，一年后，巡抚郭镗上奏朝廷，宪宗将汪直调任南京御马监。此后，汪直正式结束了他的高光时刻。

汪直年少得宠，以御马监作为起点，提督西厂后在皇帝的默许下成长为权宦，之后又在成化朝频繁的战事中建立了武功，实现了自己心中所愿，哪怕因此远离皇室也在所不惜。

观其所行之事，实在难有什么过分之举，不过是作为宪宗朱见深的工具来监督制衡外廷官员而已。正因此他才得以善终，被宪宗和之后的孝宗有意维护，没有被清算，并得以善终。

成化十九年（1483 年），当汪直离开待了十六年的北京，赴任南京御马监时，也不过才二十岁左右的年纪。

一切似乎都是冥冥之中的安排，皇权之下，权势不过是过眼云烟。只是来得太快，也散得太急，空留一世骂名。

3. 我们为什么不知道成化犁庭？

蒹葭萧瑟露华清，淡月笼沙浅水平。

今夜不知廊庙上，何人有梦到苍生。

——项忠《夜泊感怀》

宪宗朱见深的运气在明朝皇帝中并不算好，先是被自己的亲叔叔废了太子位，之后好不容易等到没有子嗣的叔叔死了，眼看就要继承皇位，没想到自己的亲爹跳出来复辟，一夜之间抢了原本属于他的皇位，而且一坐就是八年。

虽然英宗朱祁镇经过一年的"北狩锻炼"和七年的"南宫蛰伏"，对皇帝这个职业有了新的认识，执政理念上也有所变化，但八年后交给朱见深的帝国并没有什么起色，漏雨的地方反而越来越多。

好在宪宗朱见深的能力比运气要好得多，是个杀伐果断之主，而且知人善任。面对帝国各处喷涌而出的势力，他基本上都能够予以清理抚平，避免酿成更大的隐患。

然而，宪宗的这些作为却被有意或者无意地隐藏到了历史的尘埃之下。

不太平的帝国内陆

朱见深继位后面对的首要问题就是四川、湖广、荆襄等帝国内陆地区的流民、盗贼叛乱，其中尤以荆襄流民为患最深。

当然，这些问题从明中期开始就已经出现，由于恶劣的自然环境、低下的生产力水平，再加上愈演愈烈的土地兼并，使得原本勉强度日的地区逐渐难以支撑日益增长的赋税和人口。为了活下去，只剩下逃离原籍、躲避赋税这一条路。

荆襄地区位于湖北、河南、陕西和四川诸省交界处，大致以郧阳（今湖北十堰市郧阳区）为中心，四周崇山峻岭环绕，汉水及其支流流淌而过。

此处独特的地理位置和大片未开垦的土地使其成为了名副其实的世外桃源，大批的失地农民纷纷逃到这里，以摆脱原籍地的赋役，求条活路。

郧阳区的森林覆盖率超过了百分之三十，对于散布其间的流民，政府的管理触角自然鞭长莫及，对地方治理带来了极大隐患。

因此，明初将荆襄山区作为禁地管理，设立了襄阳卫等军事机构，派军队驻扎并开垦荒地，同时禁止人口进入。

但到了永乐朝，流民进入荆襄地区就已经引起了朝廷注意。等到宣德年间，流民数量已经相当客观，不容忽视。

朱祁镇首次在位的正统年间，户部在此查验人口，允许流民入籍，并拨予荒田，让他们耕种以纳粮当差。

这一政策基本上是变相地放开了封禁，反而使流民陡然增至一百五十多万，这对政府来说不仅是管理上的巨大黑洞，更是对政权的潜在威胁。

在朱祁镇第二次在位的末期，明廷在湖广布政司设置了一名专员以管理荆州、襄阳和南阳的流民事务，但基本思路仍然是以堵为主，一方面阻扰流民进入；另一方面实施武力干预，尽量将他们赶回原籍。

哪里有压迫哪里就有反抗。

等到宪宗朱见深即位后的成化元年（1465 年），荆襄地区终于爆发了成规模的起义。

起义军以刘通为首领，据传说他曾举起西华县衙门口的一个重达千斤的石狻猊，而被称为刘千斤。

他联合石龙（又号石和尚）、刘长子等人鼓动流民，短时间内竟然拉起了一支四万多人的队伍，在房县立黄旗正式对抗朝廷，并且称"汉王"，国号为"汉"，年号为"德胜"。

朱见深派工部尚书白圭为提督湖广军务、抚宁伯朱永为总兵官，会合湖广总兵李震、河南巡抚王恕率兵镇压。一年后，起义军被剿灭。白圭上奏建议正好借此机会，在流民中推行强制附籍与发还原籍的政策，以彻底解决流民问题。

然而这项看似有针对性的措施并没有得到很好的落实，导致成化六年（1470 年）再次爆发更大规模的起义。

这次朱见深任命都御史项忠总督河南、湖广荆襄军务，与湖广总兵官李震协同镇压。一年后，起义再次被扑灭。

项忠虽是文官，却毫不心软，先是用武力和谎言将流民驱逐或者哄骗出山，之后一部分反叛流民被用船运往湖广、贵州等地充军，途中发生瘟疫，死者尸体直接被弃江，江上浮尸遍布，简直人间地狱。还有一部分流民被强制送回原籍，沿途死伤无数，惨不忍睹。

经过此次暴力清理，项忠一次性地解决了当时的荆襄流民问题。

从明廷的角度来看，平定荆襄流民毫无疑问是项忠为朝廷立下了战功，也是宪宗朱见深的一大武功。

但当时的朝廷中，就有人对项忠的做法提出了质疑。

给事中梁王景趁着皇帝因为星象变化而广开言路的机会，上疏弹劾项忠。兵部尚书白圭也上奏说，对那些已经立业的流民应当就地安置落籍，又反映说项忠所报战功存在矛盾。

项忠对此上疏予以辩解："贼党本来就应判死罪，正因为不忍滥杀，因此才决定让壮年男子去充军戍边。那些久已在当地落籍的人，有的竟然占山四十余里，招聚无赖，争斗劫掠杀人，像这样的人可以放任他们居住于此吗？我虽然张榜告示说已经杀了几千人，但只是虚张声势威慑贼人，并不是实事。之前，朝廷内外谈论的是荆襄流民祸患何时能定，如今有幸平定了，我却成了众矢之的。"

宪宗并没有在意这些质疑声音，他对项忠还是认可的，升项忠为左都御史，荫庇其儿子项绶为锦衣千户，并对参战将领分别封赏。

虽然朝堂之上的质疑大多都是为一己私利的斗争，一百多万的流民对帝国政府来说是极大的隐患，对宪宗朱见深来说也只是奏折上的数字，然而他们是活生生的人，有些甚至从洪武年间就已经居住在此，繁衍生息了近百年。

一将功成万骨枯，项忠所立的"平荆襄碑"被当时人称为"堕泪碑"，所以在肯定宪宗平定荆襄流民武功的同时，也应对背后无数鲜活的生命报以同情。

项忠的做法实际上并没有从根本上解决荆襄流民的问题，虽然之后明廷在通行要道上派驻军队驻守，在过路关卡设置巡检司，并规定了更为严格的禁令，但仍然阻止不了流民进入荆襄地区的脚步。

五年后的成化十二年（1476 年），河南地区出现严重饥荒，各处农民再次进入荆襄山区，聚集了数十万人。

此时的宪宗采纳了祭酒周洪谟的建议，改堵为疏，让靠近各县的流民附籍，在远离各县的流民地区新建州县予以治理，将流民变为编民。

宪宗任命都御史原杰经略郧阳，抚定流民。原杰按照上述政策，招抚了近九成流民附籍。同时，设置了郧阳府和湖广行都司，并下设竹溪、郧西等县。

此后几十年明廷一直延续这个政策，极大地促进了荆襄地区的经济发展，彻底扭转了荆襄地区的定位。

晚明人王士性对此评价："项忠之荡定，乃一时之功，原杰之经略，则百世之利。"

不安分的帝国边境

自景泰年间蒙元势力中最大的不稳定因素——也先死于内部争斗后，帝国北方的敌对势力再也难以组织起有效的进攻，再次退回到了"骚扰寇边—被明军追着打—投降请求入贡"这样叛服无常的循环中。

朱见深即位后，他拿到的剧本并没什么新意，西北方的蒙古势力仍然上演着老掉牙的剧情。

成化三年（1467年），蒙古太师毛里孩犯边，朱见深任命朱永为平胡将军，率京军与大同总兵、彰武伯杨信一同征讨毛里孩，后因毛里孩再次上书请求入贡而结束。

但东北方日渐崛起的女真势力，为成化朝的剧本增添了些许支线剧情。

明朝开国后，朱元璋将女真脱离了朝鲜控制，女真得到了发展空间。明初女真分为建州女真、海西女真、东海女真三大部，其中建州女真最早依附于明朝，向明朝进贡，并接受明朝册封。

及至正统年间，后设立的建州左卫、建州右卫与永乐年间设立的建州卫正式组成"建州三卫"，构成了之后满洲的主体。

女真人骁勇善战，自古就有"女真兵若满万则不可敌"的说法。经过长期休养生息，女真逐渐势力稳固，开始觉得自己行了。

在景泰、天顺年间，对帝国边关和朝鲜屡屡进犯，加入了日常骚扰大明帝国边关俱乐部。

朱见深继位后，眼见着女真竟然成为俱乐部的活跃成员，这让人无法忍受。

此后，人狠话不多的朱见深连续以"犁庭扫闾"式的军事行动彻底打服女真，让他们认识到自己还不行，敢和大明帝国叫板还得再等一百年。

成化三年（1467年）从一月到三月，女真连续入犯，明朝都指挥使邓佐在交战中阵亡。几个月后，宪宗命总兵官赵辅挂靖虏将军印为总指挥，左都御史、辽东总督李秉为副总指挥，率五万军队前往征讨。同时，朱见深还谕令朝鲜出兵协助。

战争只持续了一个月就结束了，明军共擒九十九人，斩五百三十六人，俘虏二百四十余人，其中包括董山。朝鲜军队擒二十余人，斩三百余人，其中包括李满住和他的儿子古纳哈。

李满住是建州卫首领，在建州三卫中势力最强。他的祖父是阿哈出（明廷赐名李思诚），父亲是释加奴（明廷赐名李显忠）。

巧的是，阿哈出有一个女儿被朱棣纳为妃子，这样论起来，朱棣就成了李满住的姨夫，宪宗朱见深反而成了李满住的曾孙辈，可见李满住的渊源之深。

另一位被抓的董山是建州右卫首领，他是建州左卫首领猛哥帖木儿的次子。猛哥帖木儿死后，董山被俘，建州左卫由他叔叔凡察掌管。正统三年（1438年），董山获释后向明廷请求庇护，明朝即派兵将其安置在辽东苏克素浒河（今苏子河）一带。

由于之前凡察没有得到建州左卫印，明廷重新颁给了新印。而董山回归后，竟然拿出了藏匿的旧印，导致叔侄纷争不已。

明廷为了平息纠纷，从建州左卫中分出了建州右卫，以董山为首领。可以说，建州三卫完全是董山阴谋的产物。

明朝对东北女真一直施行羁縻之策，"羁"就是用军事力量加以控制，而"縻"则是指给予经济利益作为抚慰，通俗地说就是大棒和胡萝卜。

但董山对于明朝向来没有臣服之心，他串通蒙古，阴附朝鲜，只为使自身利益最大化。

虽然董山死于成化三年（1467年）的征讨，但他留下了三个儿子，其中一个儿子锡宝齐篇古的四世孙就是努尔哈赤。

十几年后，建州女真逐渐缓过劲来，联合海西女真，又开始骚扰进犯帝国边境。辽东巡抚陈钺予以反击，获得小胜。

一年后的成化十五年（1479年）十月，朱见深决定再次对建州女真予以清剿，命太监汪直监军，抚宁侯朱永为总兵官，陈钺提督军务。

大军冒着严寒霜雪在东北广袤的森林里对建州女真实施了精准打击，两个月结束了战斗。

史书中对战役细节记录不多，《宪宗实录》只是记载了此役的捷报："建州贼巢在万山中，山林高峻，道路险狭。臣等分为五路，出抚顺关，半月抵其境。贼据险迎敌，官军四面夹攻，且发轻骑焚其巢穴。贼大败，擒斩六百九十五级，俘获四百八十六人，破四百五十余寨，获牛马千余，盔甲军器无算。"

宪宗对此非常高兴，下诏授予奏捷舍人（宋元以来对显贵子弟的称呼）李珍、陈澍锦衣卫百户，李珍是太监李荣的侄子，陈澍是陈钺的儿子。

不止如此，朱见深还特意回复朱永等人："看到捷报后，足见你们同心运谋，鼓振军威，才有了如此大捷。此前遣将出塞，很少有如此之战果。而且你们冒犯霜雪，深入险阻，朕甚嘉悦，所以特意降敕嘉奖你们。"

他还特意嘱咐，如今那边正值严寒，你们要多加小心，"官军暴露艰苦，为朕加意抚恤"。

朱见深对此战给予了高度肯定。之后，抚宁侯朱永被封为保国公，辽东巡抚陈钺晋升为右都御史，汪直加俸三十六石。

明朝太监无秩可升，只能加食米，以年十二石为一级，汪直经此役相当于加封三级，并由此总督十二团营，开创了明朝内臣统领禁军之先河。

我们为什么不知道成化犁庭

成化三年（1467 年）和成化十五年（1479 年）对建州女真的征讨在历史上称为"成化犁庭"。

犁庭扫闾出自《汉书·匈奴传下》："固已犁其庭，扫其闾，郡县而置之。"这指的是汉朝对匈奴的镇压，就像把敌人庭院犁成田地，把里巷扫荡一空，彻底断绝敌人生存根基。

成化时期对建州女真的连续清剿彻底摧毁了其有生力量，武器被全部收缴，村寨大部分被毁灭，更重要的是打灭了女真的心气，直到一百年后努尔哈赤的出现。

成化犁庭的知名度的确不高，人们知道东北女真就是后来入主中原的满清前身，但并不清楚早在成化年间，明廷就对女真势力进行过如此深入的打击。

因此有人认为，这是后来的清朝统治者为了掩盖自己祖先这段不光彩的经历而刻意淡化了成化犁庭的存在感。

这种因素当然是存在的。东北女真在明朝时期本来就身份不正，在明朝人看来是和西北方的蒙古族一样的存在，所以当时也称他们为东夷。

作为之后定鼎天下的主人，自然不愿意提及曾经为奴、为寇、为虏的经历，更不愿意让人知道曾经被政府军队打到尘埃里。

不过这并不是全部因素，或者说只能是次要因素，最关键的症结其实在当时就已经暴露出来，那就是除了宪宗朱见深对清剿女真持高度肯定态度外，大多数官员都是主和派，他们对此并不认可。

《宪宗实录》中虽然对具体战役没有太多内容，但却详细记载了成化十五年（1479年）十月围绕要不要派兵征讨建州女真的背后决策过程。

最开始是巡抚辽东都御史陈钺上奏（《宪宗实录》里特意强调他是"希直意"，就是说陈钺揣摩汪直的心思才如此建言），说建州女真首领伏当加因为没有当上都督而扬言要来侵犯辽东，而且往年建州三卫勾结海西、毛怜经常骚扰边关。朝廷授给他们都督、都指挥职务，反而使得他们内部纷争不止。

所以他认为，"与其加升而招侮，莫若整兵而征讨"，请求朝廷派兵征讨，"掩其不备，捣其巢穴"。

奏疏下兵部决议，兵部尚书余子俊等人认为，"驭夷之道，守备为本"，这是我朝太祖写在祖训上的基本国策，应当一直遵从。建州女真叛服不常，朝廷或开马市，以掣其党，或许买铁器，以结其心，这些都是羁縻之策，而非向其示弱。如今陈钺等人历数其罪，意欲捣其巢穴，如此军国大务，兵部不能专断。

宪宗命令由廷臣讨论。掌中军都督府事英国公张懋、吏部尚书尹旻等人同样认为，辽东为京师左掖（即宫城正门左边的小门），一直有重兵驻扎，守备将领应当根据实际情况来决定战守，以分皇上宵旰之忧。但朝廷勤兵于远，难以妄动。如今陈钺等人说伏当加等二百余人声言要来犯边，朝廷就派兵出师，"似非备边本意"。

不过他们也担心陈钺可能真的有发现什么危急敌情，不敢随意拒绝，所以他们建议，先派一重臣前往辽东随机战守，而且对那些没有犯边的女真部落要加以区别，勿令惊疑。

朝臣们遵照宪宗的命令，认真研究了征讨建州女真的建议，很多重臣都提出了反对意见，或者建议稳妥处置，先观察观察再做决定。

宪宗认真听了朝臣们的建议，最后还是决定派遣汪直、朱永率军征讨。

当官员们听到这个命令，内心的尴尬和无奈可想而知。

在《宪宗实录》这一条记录的最后，拿笔杆子的文官们把气都撒到了汪直身上，他们认为陈钺趋附汪直，为了迎合汪直建军功的心思，才有意上奏请求征讨。而司礼监、内阁里面又有汪直的心腹，竟然同意了陈钺的奏请，所以皇上才最终下了这个命令。

他们还特意点评了一句："直弄兵之祸，实始于此云。"

主和派官员们无论是为了算经济账，还是为了限制太监汪直将手伸向军队，他们都不主张立即出兵，但奈何当朝皇帝却是个杀伐果断的主战派。

宪宗朱见深派出的五万军队，相比女真势力基本算是降维打击。对这场战役，大多数官员本就不想打。既然皇帝执意要打，那拥有绝对优势的帝国军队取得胜利也是理所当然。

成化朝的帝国军队对各处用兵基本未尝败绩，所以时人对此自然不会有太大感觉。

成化犁庭，包括之前对广西瑶族、荆襄流民等起义的军事行动，的确成就了成化朝灿烂的武功，也涌现出了朱永、王越、赵辅、韩雍等一批立下累累战功的将领。

甚至连汪直作为一个宦官，也赶上了最好的时候。

在成化十三年（1477 年）至成化十八年（1482 年）这五年间，他作为监军先是对建州女真实施了犁庭扫闾式的打击，紧接着对入侵河套地区的鞑靼进行反击，在威宁海（今集宁南黄旗海）之役中夜袭蒙古王庭，达延汗巴图蒙克只身出逃，达延汗的妻子，蒙古一代传奇女英雄满都海很有可能战死于此。

之后，又分别在大同黑石崖、延绥等地击败入侵敌军。汪直获得了太监所能成就的武功巅峰，宪宗朱见深也毫不吝啬对他的封赏，黑石崖之战获胜后，朱见深甚至一下子给他加了三百石食米，刷新了纪录。

不可否认，成化朝的武功对维护政权稳定，保持边关安宁起到了非常积极的作用。这些连年不断的军事行动若非宪宗朱见深的果断坚持绝无可能实现，所以他必然不是一个软弱之人。

但我们也无须因为这些军事行动而过分夸大宪宗的历史地位和文韬武略。

尤其是对成化犁庭，如果以此认为朱见深眼界深远，预料到东北女真日后会成为明朝的心腹大患，才决定对女真实施一系列深入打击，那都是属于过分解读。

且不说当时的女真尚未成气候，实际上在成化朝君臣看来，对女真的征讨和对帝国其他地区的镇压并没有本质的区别。

总的来说，朱见深是一个理性果断的人，能做到知人善任、从善如流，但也有着自己的原则和坚持，不在意界的眼光。

他一方面能够接纳商辂等人的建议，恢复景泰帝应有的地位和待遇，为于谦等景泰旧臣平反，并充分肯定了于谦对大明帝国做出的无可比拟的贡献。

但另一方面，他不会完全遵从官僚集团的想法，但凡是认定的事情必定会坚持到底。

这让他和官僚集团产生了分歧，而且外廷官员不仅是局限于言语上的反对，有时候更是用实际行动予以掣肘。

汪直提督西厂期间，曾想乘安南被老挝打败之机夺回安南控制权，便向兵部索要永乐年间征讨安南的案卷，结果当时在兵部职方司任职的刘大夏就是藏起来不给。

朱见深有着高超的政治水平和手腕，他扶植汪直等内廷力量，并且开创了深受诟病的传奉官制度，其目的也是为了制衡外廷官僚集团。

正如他的那幅传世画作《一团和气图》所表现的那样，这幅源自虎溪三笑典故的画作构思巧妙、异趣横生，寓意儒道释的三教合流，也表明了他对朝政运行的深刻理解，蕴含了兼容并蓄、相辅相成的执政理念。

4. 天子亦凡人，何为逍遥派？

自身有病自心知，身病还将心自医。

心若病时身亦病，心生元是病生时。

——明孝宗朱祐樘

在接受了九年帝王教育后，十八岁的朱祐樘正式从他父亲手中接过了大明帝国。他们父子二人都是在最完美的年纪登上大位，而且享国时间也都差不多，朱祐樘在位十八年，只比他父亲少了五年。

然而，父子俩却有着完全不同的脾气秉性，走的也是不同的路线，最终留下了截然不同的生前身后名。

母亲给予的最好教育

无论时人或者后人怎样曲解淡化宪宗朱见深的作为，至少作为父亲来说，他比他的父亲要靠谱得多。

经过他二十三年的经营，留给他儿子的帝国并没有像他接手时那么难缠。

他在位期间，信奉用武力解决问题，善于制衡外廷官员，也不会刻意迎合外界的想法。

他有着极强的控制欲，甚至有些刚愎自用，因与官僚集团之间的分歧而留下了诸多负面评价。他的儿子朱祐樘固然没有继承到他的坚韧果断，但同样也没有养成远离外廷官员的习惯。

也正因此，外廷官员们对朱祐樘的好评远远超过朱见深，并且将难得的中兴之主冠给了孝宗朱祐樘，留下了"弘治中兴"的美名。

朱祐樘一继位就展现出了锐意改革的新气象，对宪宗朝后期留下的弊政进行了清理，罢免了几千人的传奉官，革除了前朝的法王、国师、真人、国子等封号，诏令朝中不可崇佛信道，并处死了曾经活跃在他父亲身边的妖僧继晓。

同时，他对宪宗朝的旧臣进行了清理，将"纸糊三阁老、泥塑六尚书"等人罢官撤职，陆续擢升徐溥、刘健、丘濬、李东阳、谢迁等人进入内阁，并给予了王恕、马文升、刘大夏、戴珊、叶淇等重臣极大的信任。

从弘治元年（1488年）开始，他采纳大臣的建议，重开大小经筵。

这一制度初设于正统初年，目的是增加君臣之间的沟通交流。大经筵在每月逢二、十二、二十二日举行，更多侧重于一种礼仪；而小经筵又称日讲，君臣之间每日召对，不拘礼节、不限内容，更多的是对治国理政的辅助。这一制度在宪宗朝时曾一度废弃。

不仅如此，他基本上每日都上朝，除非遇到下雨天。

有时候如果早朝、午朝后还有没处理掉的事情，他还会专门在平台召见官员，开创了"平台召见"制度。

这些偏重礼仪性的觐见很难说能产生多少实际效果，但朱祐樘能保持如此高的出勤率至少符合勤政的标准，而这是臣子们心中贤君的基础性条件。

当然贤君还需要另外一个决定性条件，那就是对文官们要有足够的尊重。

朱祐樘本来出身不正，无论万贵妃是否对他有虐待甚至是加害，但有一点可以肯定，他是到六岁后才被正式公开身份，领入宫中作为皇子抚养。

在这段隐秘平静的童年岁月里，母亲纪氏一直在抚养陪伴着他。这个本应在广西贺县（今贺州）过完一生的瑶族姑娘，却因朝廷平叛广西瑶族起义而被俘虏带入宫廷做了内藏库女史，之后又因美丽机敏而被宪宗喜爱，怀上了朱祐樘最终彻底改变了自己人生，甚至改变了帝国皇族的传承。

她去世的时候只有二十五岁，如此短暂的生命里除了那个成为天子的儿子，她还没有来得及多留下些什么，让我们去了解她到底是个什么样的姑娘。

但她应该是个识诗书、性聪慧、能隐忍的人，她自始至终都没有刻意去争，无论是在宫外还是之后朱祐樘被立为太子而入宫。

在童年的性格形成期一直与母亲相依为命，母亲的温良塑造了朱祐樘性格中与人为善、重情重义的底色，但母亲的隐忍和角落里的生存也给朱祐樘的内心深处带来了优柔寡断与妥协让步。

当他坐上那个至高无上的皇位时，他仍然坚持了自己的初衷，以最大程度的善意去对待普罗众生和文武群臣。

终明一世，官僚集团在弘治朝迎来了黄金时期，君臣之间的关系达到了儒家传统观念中最理想的状态，此后再也不复这荣光。

文官们不吝将最美好的词用来形容孝宗朱祐樘，对他的为君之道更是事无巨细地予以记录美化。

每当下雨，朝廷按例暂停早朝，但他还是会让各衙门官员把要事送到奉天殿给他，有人雨天路滑跌倒，他也不会怪罪。当他知道有官员经常工作到很晚才回家，他还关切地问外边是否有灯照明，并下令今后由军队护送照明。

奏折文书中有一两个错别字的，他会正常批阅，而不会要求重新上奏。经筵讲官有时出现差错的，他会加以宽慰。对那些上朝迟到的，多有宽宥，不得已才罚一个月俸禄。

相比于朱祐樘作为明君形象的成功塑造，对于他的执政成绩倒是件颇令人尴尬的事情。

他在位十八年，在明朝皇帝里不算短，但翻遍记录也很难找出弘治朝有什么特殊的作为。名曰中兴之治却又找不出什么有力的证据，而能找到的那些业绩似乎也只是常规操作，或是大环境使然，所以"弘治中兴"的说法一直存有争议。

在朱祐樘上任之初，就展现出了锐意改革的姿态。他重新启用了王恕担任吏部尚书，对官员考核制度进行了改革，不仅对任职能力进行考核，对于身体原因不能胜任的官员都予以裁撤，对基层冗官进行了一定程度的清理。

同时，他任用马文升为兵部尚书，对军官队伍进行了清理。虽然这些刀刃向内的改革能取得多少实际效果是值得予以疑问的，但至少表现出了新君的气魄，在一定程度上对朝堂沉闷的气氛和僵化的利益分配产生了冲击，这从王恕、马文升等人遇到的诘难就可以看出来。

面对这些阻力，朱祐樘保持了理性，对这些改革派予以了支持与保护。

在弘治朝初期对朝廷官员进行改革的同时，朱祐樘还要花大力气去应对帝国内陆地区持续不断的灾患，其中尤以水利工程为重。

弘治二年（1489 年）五月，黄河于开封及封丘荆隆口决堤，造成了明朝开国以来最大规模的水灾。朱祐樘命户部侍郎白昂会同山东、河南及北直隶三地巡抚共同修治，调用了近二十五万人。

弘治五年（1492 年），苏松河道淤塞，洪水泛滥，朱祐樘命工部侍郎徐贯主持治理，花了近三年时间动用了二十余万人才顺利完成，此次治理使帝国江南地区真正成为旱涝保收的鱼米之乡。

弘治六年（1493 年），黄河在张秋决堤，由汶水入海，甚至使京城赖以生存的漕运中断。朱祐樘听从王恕等人的推荐，派遣刘大夏去修治，并在两年多时间里顺利得以根治，张秋镇因此被改名为安平镇。

朝堂之上的朱祐樘对下抱有难得的同情心，对受灾地区的赋税通常都会减免，对这些水利工程的修缮也很关心，曾经赏赐食物给修治黄河的刘大夏和工匠。

刘大夏在出色地完成任务后顺理成章地得到了提拔和重用，并日渐成长为孝宗仰仗的重臣之一，与王恕、马文升并称为"弘治三杰"。

在帝国的财政收入方面，除了对征收制度实施实征册制以改变欠税积弊的改革外，另一个重要的转折就是弘治五年（1492 年），时任户部尚书叶淇对开中法的改革。

开中法是明初建立的制度，主要是由商人向边塞运输粮食，换取盐引。为了减少运输粮食的成本，商人逐渐选择直接在边境屯田，形成了大规模的商屯制度。

在叶淇的力推下，将原来的以粮换盐改革成了以银换盐。叶淇变法的效果非常明显，太仓库的收入瞬间增加，在一定程度上缓解了朝廷的财政压力。

但带来的负面影响也不可忽视，商人纷纷放弃了边境商屯，对边塞驻军的储粮产生了直接冲击。之后，边塞军队对帝国中央财政补给的依赖程度更深，及至明朝末期，因为帝国东北方的战事，甚至开始以"辽饷"等名义加征税赋，将帝国拖入了难以自拔的境地。

当然，一百多年后的事情弘治君臣是看不见的，对他们来说，或者对他们所处的那个时代来说，太仓库的库银以肉眼可见的速度在增加就是最具意义的事情。

无论从哪方面来看，朱祐樘对帝国内政的处理虽然没有取得本质性突破，但也可以说是实现了在当时那种局限性下的最大可能。

国家的赋税收入相比前朝增加了一百万至二百万石，达到了明中期的高峰。太仓库的收入相比前朝也有了成倍的增长，使中央政府逐渐暴露出的财政危机稍有缓和。

除了赋税，帝国的户数和人口数也在稳步增长。从弘治元年（1488年）至弘治八年（1495年），全国户数增加了近百万，突破了一千万户。人口数从弘治初年的五千万，增加到了弘治十七年（1504年）的六千万。

人丁兴旺在弘治朝绝对不是一句口号。虽然弘治朝仍然有边境冲突，内部也偶有起义动乱，不过远不及前朝规模，这一方面是因为他即位之初近十年内调用几十万役夫投入到大规模的水利修缮工程中，起到了以工代赈的作用；另一方面更重要的是他坚持了积极防御、养民生息的保守之策。

身不能至，心向往之。

朱祐樘在位期间，帝国北边的老朋友仍然在积极地走动。

在他父亲朱见深的主动出击下，东北方的女真势力还在休养生息，西北方的蒙古鞑靼传奇人物满都海在威宁海之战中陨落，但她的丈夫小王子

（即达延汗）继承了她的遗志与能力，之后统一东部蒙古各部，将漠南漠北地区左右翼六万户分封诸子，结束了蒙古地区长期存在的割据局面。

弘治元年（1488年），小王子上奏明廷请求上贡互市，并自称大元大可汗。这种相当于恢复元朝地位的叫法早在景泰朝，也先就这么尝试过，但当时的明廷并没有承认。然而这一次，"朝廷方务优容，许之"。

弘治朝对外奉行保守和平的基本国策，对于鞑靼小王子以及他的重要将领火筛等人的入侵只是采取积极防御、抗战驱赶的策略，没有动辄派军征讨，更没有主动出击捣其巢穴。

这可能和朱祐樘先天身体羸弱有关，但更重要的原因是他愿意听取朝臣们的意见，而他身边的文官集团大多都是主和派，在成化朝就对宪宗朱见深的用兵之策表示了反对。

虽然朝中英国公张懋、兵部尚书刘大夏等人都是坚决的主和派，但朱祐樘贵为堂堂帝国之主，心中难免会对父辈们的卓越武功产生歆羡之情。

到了弘治后期，他曾经有段时间让其信任的太监苗逵监军。弘治十七年（1504年），在苗逵的鼓吹下一度准备举兵出塞，主动攻击北方蒙古军队。

这个计划是背着张懋、刘大夏搞的，苗逵知道他们二人不会同意，便想请皇上来做他们的工作。

朱祐樘找来了刘大夏，问道："之前你不在的时候，苗逵等人在延绥、河套等地偷袭了敌人大本营，由是虏不敢犯边。你知道这事吗？"

刘大夏回答说："我听那些从征将士说了劫虏营的事情，当时全仗朝廷威德，幸而逃脱，不然全军覆没于境外，这种做法实在没什么值得夸赞的。"

皇上说："永乐中频年出塞破虏，今何不可？"

刘大夏说："皇上您英明神武，自然可媲美太宗皇帝。但怎奈如今的将领、兵力，远远不及那时候了。而且在当时，比如国公丘福，稍稍有点违背节制的行为，就让数万人马俱陷虏地，更何况如今的将领水平又在丘福之下呢？"

因此他还是坚持认为："不如命令各边将根据敌情随机战守，似乎这才是正确的策略。"当时左都御史戴珊也在旁边，极力称赞刘大夏的论述。

皇上听后感叹道："幸好听了你们的话，朕差点就被人给误导了！"于是派兵出击的计划便不了了之。对此，刘大夏也赞叹朱祐樘"是前代英君谊主所不能及也。"

因此，朱祐樘对内对外的执政理念都是温和保守而非激进的，这一点与他父亲有着极大的差异。

朱祐樘在位期间所贯彻的执政思路和基本国策，除了他的性格、身体条件等因素使然外，还深受朝臣们的影响。

对他的这种态度，正面的评价当然是从善如流，是历代明君的基本素养。但也有人对此作出了负面评价，认为这是他软弱无能的表现，全面否定了他的个人能力，甚至还上升到智商层面。

对待官僚集团，是选择信任还是妥协？

弘治朝的君臣关系已经达到了明朝固有体制下的极致，但当我们在史籍中寻找具体线索时，又会遇到和上面相同的尴尬状况，就是除了文人笔下描写的君圣臣贤的和谐场景外，又很难找到确凿有力的证据去印证弘治君臣到底在哪些方面达成了共识。

无论是官方的记载，还是民间的叙事，朱祐樘似乎对刘大夏等各部尚书的倚重更甚于李东阳等内阁大臣。

朱祐樘对待两类人的敏感心理颇耐人寻味，站在这个角度上审视弘治朝的君臣关系，似乎一切看起来更接近于刻意营造的表象。

根据《孝宗实录》的记载，以及李东阳在《燕对录》的记叙，孝宗至少在他统治的前半期都没怎么单独召见过内阁大臣，所以弘治十年（1497年）春天的那次召见才会因为太过特殊而被详细记录了下来。

当日经筵结束后，朱祐樘宣内阁大臣徐溥、刘健、李东阳、谢迁至文华殿。

皇上让他们离得再近一些，于是众臣跪在了御榻前，司礼监各位太监则环跪于案侧。

皇上对大臣说："看文书。"诸太监将奏折拿给他们，又分置朱砚笔，并给了他们几张纸。

皇上按照他的习惯仍旧称呼内阁大臣为先生，并说："与先生辈计较。"徐溥等人看完奏折后，相互议定批辞，经司礼监同意后再写在纸上呈给皇帝。皇帝看完后，亲自批写，有些更改两三个字，有些删去两三句，都是应手疾书，毫无疑滞。

其中看到一封山西巡抚呈上来的奏折，皇帝问他们："这里面请求提拔一名副总兵，该提否？"

徐溥等人回答说："此事轻，副总兵恐不必提，只需提都指挥以下三人就可以了。"皇上说："确实。边情事重，小官亦不可提耳。"

又见礼部在一奏折上只批拟了一个"是"字，他说："天下事亦大，还需要看看奏本内的详细情况，如果只批一个'是'字，恐怕会有遗漏。"拿过奏本看完后，他说："的确是只需一字足矣。"

接着又翻到一奏本，刘健说："此本事多，臣等退下后，细看拟奏。"皇上说："文书尚多，都要一看，下去也是闲，就此商量，岂不好？"众臣都回答说："诺。"

之后，皇帝指着其余的奏本，对旁边人说："这些都是常行事，不过'该衙门知道'耳。"于是众人乃皆叩头退下。皇帝又对左右旁边人说："吃茶。"等他们出了文华门，已经有太监捧茶在等着。

李东阳对这次的突然召见念念不忘。他在《燕对录》里写道："自天顺至今四十年，先帝及当今皇上即位之初，偶尔召见内阁，不过一二语。是日经筵罢，有此召，因得以窥天质之明睿，庙算之周详，圣心之仁厚，有不可测量者如此。"

此后，朱祐樘对内阁大臣的召见才相对更为频繁，并在此期间开创了平台召见模式。至于朱祐樘为什么会对内阁大臣区别看待，有人认为这是内阁制度发展到明中期已经足够成熟，甚至与皇权有相抗衡之势。

为了防止内阁坐大，朱祐樘才有意扶植刘大夏等官员的力量，表现出了对阁臣的不信任。

实际上，当我们再仔细地去看时就会发现，即使刘大夏获得了朱祐樘的特别信任，但刘大夏进入北京做京官是在弘治八年（1495 年）左右。在成功治理了黄河以后，明廷召他为左副都御史，任职户部左侍郎。两年后，刘大夏受命兼佥都御史，前往宣府处理兵饷。

弘治十三年（1500 年），廷臣纷纷举荐刘大夏，被任命为右都御史，统管两广军务。直到弘治十五年（1502 年），刘大夏被任命为兵部尚书，才又回到了京城，一直到武宗朱厚照继位才离开。

也就是说，即使是刘大夏，他获得朱祐樘的特别仰仗和信任也是弘治朝中后期的事情了。

换一句话说，朱祐樘在他执政的前半段并没有太多的存在感，对于帝国的各项政策他更像是个幕后支持者，而非真正的决策者。在这个阶段，他更多展现的是对官僚集团的信任和支持。

但在他执政的中后期，可以明显地察觉到他对官僚集团的信任不再如之前那般笃实。他更为频繁地召见官员，更多地发表观点，参与决策议政。

这不单是对内阁大臣，对其他官员也同样如此。

《治世馀闻》中记载，孝宗朱祐樘厌恶宦官专擅，"将责任大臣"。

朱祐樘曾在文华殿召见吏部尚书屠滽，对他说："治国以御边为急，御边以粮饷为要。如今各边总督粮草官，像侍郎、参政、都指挥各有一名，但都是混管，不分勤惰，以致功罪赏罚，往往失当。老尚书与朕一起划定一下管辖范围，使各有所总，这样勤惰功罪都有据可考，赏罚亦可施行。"

屠滽自感羞愧而面红耳赤，久不能对，旁边的宦官都掩口窃笑。皇上又对屠滽说："你怕别人会怨恨你吗？朕将自定之。"

随即将户部侍郎使统千里，参政、都指挥各统数百里，并命自大同、宣府抵宁夏，溪山险阻，某处则搭木乘渡，某处则做梯飞挽，确保士卒不疲，而粮饷易集。"睿算井井，若目中事"。

皇帝对此耿耿于怀，认为屠滽没有完成旨意而怏怏终夕。之后，"凡遇大事，上径自裁之。"

弘治十六年（1503 年）的张天祥案更是直接将君臣之间这种微妙的关系摆上了台面。

士大夫中负朝廷者，不过十中一二？

弘治十六年（1503年）正月，朝廷收到一封捷报，称去年十二月蒙古泰宁卫的一伙流寇袭击了建州女真向明朝进贡的使节，并抢夺了使节携带的货物。宁远备御都指挥张天祥率众出击，斩杀三十八名流寇，并追回了全部货物。

朱祐樘按例对张天祥等将领进行了嘉奖。

两个月后，辽东监察御史王献臣上奏，称张天祥所谓的"战功"，实际上是他与其祖父张斌、叔父张洪谋划的骗局。

袭击建州女真使节的是张天祥的家仆，而张天祥以此为借口攻击泰宁卫，"杀获老幼百余人"，并将首级转卖了两千多两白银。

朱祐樘大怒，命大理寺左少卿吴一贯与锦衣卫都指挥佥事杨玉一起前往调查。

经过五个月的调查，吴一贯等人又给了朱祐樘另外一个版本的"战功故事"。

流寇的确袭击过建州使节，但张天祥等人出击不力以致流寇逃脱。张氏祖孙害怕被追究责任，在祖父张斌的授意下，转而袭击了泰宁卫的某个部落，杀害无辜百姓以冒充流寇。而王献臣的指控线索则来自宁远指挥杨茂父子。

论关系，杨茂是张斌的小舅子，不过是前任小舅子，张斌在妻子死后又续弦了，再加上两人本来就是竞争关系，故而一直不对付。正因此，杨茂父子在得知这件事后，便添油加醋地向王献臣打了小报告，才引出了后面这些事情。

吴一贯等人给出了处理建议，首犯张斌处斩决，从犯张天祥处绞刑，杨茂父子处绞刑。这几个人都被抓到京城，关进了监狱听候皇帝最后发落。

然而当事情进展到这一步，朱祐樘反而冷静了下来，迟迟没有做出最后决定。

近一年后，弘治十七年（1504年）六月，他突然召见了内阁大臣，一见面就说辽东张天祥的案子不是小事，还得往下查清楚。

如此一说，他们都觉得很莫名。因为此案已经由钦差吴一贯等人调查清楚，相关犯人也一直关在监狱，而且张天祥都已经病死在狱中，按说皇上也该给个结论了。

于是谢迁回答说，张天祥已经死了，意思是关键人物都已死了，案件也就这样了吧。

朱祐樘接着说，张天祥是死了，但张斌不是还关着吗，而且张洪还在到处喊冤告状。

过了一会儿，刘健接茬说，这事本来是大理寺、都察院负责的，还是得由他们继续去查。

朱祐樘一看这几个老先生都是油盐不进，便掏出了东厂辑事揭帖，对他们说："辽东张天祥案件，东厂那边查出来的情况说当时王献臣只听信杨茂父子的一面之词，之后吴一贯等人也没有亲身前往调查，只让地方官员做了现场勘查报告，其中有很多不实之情。所以最好是把这一干人等全都提解来京，令锦衣卫于午门前会问，这样才能彻底查清楚。"

刘健等人都回答说："如此固好。"朱祐樘便把东厂辑事揭帖给了刘健，并吩咐："先生辈将去整理。"

然而内阁之后呈上来的意见却认为："都察院本既已批出，东厂辑事揭帖又不可批行，须待会勘，至日再议。"意思是都察院已经查清楚了，不能因为东厂的一份揭帖就全部推翻，此事还得继续商议。

朱祐樘看到后，又把内阁、兵部官员找来，很严肃地问他们："这事已经三番两次地商量过，但为什么就不能把相关人等全都押解到京城来重审？"

阁臣们回答说，此案已经法司部门勘问审理，他们都是公卿士大夫，"言足取信"。

这下终于说到症结上了，士大夫们真的"言足取信"吗？

至少朱祐樘不这么认为，他听到后当即就反诘道："先生辈且不可这么说，法司官员如果不尽快将此案了结，其身家尚未可保，难道这样还能让人相信吗？"

李东阳还是想尽力挽回一下颜面，回答道："士大夫未必可尽信，但可信者多，其负朝廷者不过十中一二而已。"

谢迁赶紧将话题转了回去："事情都得靠众人商量讨论，一两个人的说法恐怕不可深信。"

朱祐樘立马又反驳道："这种话先生辈都说不得，此事关系密切，令人到彼处体访得来，谁敢欺瞒？"

阁臣们继续劝说道："此事干证皆在彼处，把一干人等提解到京城，未免过于劳人动众。"

但朱祐樘仍然坚持道："此乃大狱，虽千人亦须来，若事不明白，边将谁肯效死？"刘健等人只能顺着话说道："赏罚是朝廷大典，臣等愚见，正欲皇上明赏耳。"

朱祐樘说："赏罚事重，朕不敢私，但是必须要查清楚实情。如果真的是张天祥等人贪功启衅，岂可从之？如果真的有功却被诬陷，必须要为之申冤。"最后还是决定由皇帝传旨行之。

很快，朱祐樘又专门就此和阁臣们讨论了一番。

朱祐樘先是说："之前因张天祥一事，先生辈说文职官不负朝廷，亦不应如此说，文官虽是读书明理，但也尽有不守法度者。"

刘健等人皆回答道："臣等一时愚昧，敢冒天威。"李东阳则说："臣等非敢谓其皆不负国，但负国者毕竟是少数。"谢迁说："文官负国者，臣等亦不敢庇护，必欲从公处置。"

皇上笑着说："也不是指责你们真的会包庇，而是觉得你们不能说文官们都能守法。"并接着说："你们想想，如此争议是为何而引起的？本来一开始是想传旨的，但你们认为别无事由，突然改变了决定。"

阁臣们解释道："臣等见都察院本已批出无行，只想平息事态而已。"朱祐樘说："缉访之事，祖宗以来就已经有了规矩。如今令东厂呈报缉查的事情，题本批行。"

但他们还是坚持说："不如传旨。"于是朱祐樘便命令拟旨，将那些人全部提解至京。

弘治十七年（1504年）十一月，当所有涉案人员全都被押解到京城后，朱祐樘命令由三法司、都御史戴珊等人询问审理再来回奏。

会审中，张斌自然不承认，再加上吴一贯等人确实没有实地勘查，拿不出有力的证据，并且查实之前王献臣的检举只是"以匿名文书而行"。

对此，朱祐樘当即就说："匿名文书，见者即当烧毁，这是在律法里明文规定的。怎么能随便就听信而上奏呢？"朝堂官员"皆慑伏，莫敢仰对"。

最终，张斌被判无罪，杨茂父子被判绞刑，而吴一贯等人都被免职。此案历时近两年，终于画上了句号。

当深入考察张天祥案件的来龙去脉就会发现，此时的朱祐樘对官僚集团已经不再像曾经那样完全的信任与支持，而是带有一定的质疑。

他观念的转变自然不是一朝一夕的事情，也不是到了执政末期才突然发生的，须知张天祥案发生的时候虽然离他去世只剩下两年的时间，但他最终是死于疾病而非衰老，故而此时他的身体并未出现太大变化。

他可能是随着执政时间越久，对帝国事务、政治运行以及官僚集团的认识愈加深刻理性。

他看到了官僚集团的复杂性，对于李东阳他们所说的士大夫中负朝廷者只有十之一二并不以为然。

但他的本性仍然没改，仍然在坚持着与人为善的原则，所以在执政能力上更为成熟的后半期，他对官僚集团更多展现的是一种包容。

天子亦凡人，皇家亦人家。

尽管人们对朱祐樘在位期间的作为是否当得起中兴之名存有争议，但对他如普通人家一般坚守一夫一妻的做法并没有怀疑，只是更加好奇其中的缘由。

张氏是河北人，其父张峦本是国子监生，并无特殊背景，成化二十三年（1487年）张氏被选为太子妃。四年后，生下了被立为太子的朱厚照。

朱祐樘与张氏自从结婚后就如普通夫妇一般，同吃同住，一辈子再也没怎么碰过其他妃子。

这不仅在明朝是独一份，在整个中国古代都是绝无仅有的。

对于其中的原因，有人认为是张氏骄妒，用尽手段霸占着朱祐樘。也有人认为是朱祐樘脑子不好使，很容易被人掌控，在外面被朝臣们控制着，在里面被张氏控制着。

但是这些观点都只是推论，并没有确凿有力的证据。而从朱祐樘的具体表现来看，就算说他平庸之才，也绝不能说他是弱智。他对张氏的坚守更可能是发自内心的真爱。

张氏曾发口疮难愈，朱祐樘下令从民间寻找医术高明的女医官进宫治病。据进宫看病的女医官叙述，朱祐樘亲自给张氏端水漱口，离开的时候也是轻声细语，甚至连咳嗽都忍住，生怕打扰到她。由此可见，朱祐樘是真的发自内心地守护张氏。

然而，这份感情放在普通人家的确令人动容，但放在一国之君身上似乎总有些不合时宜。

一方面，一夫一妻制最大的问题就是导致皇室继承人的不足。

朱祐樘与张氏只生育了两个儿子，其中一个还夭折了，好在还有朱厚照顺利长大成了下一任国君。但偏偏朱厚照没有子嗣，他死后朱祐樘这一脉就断绝了。张氏只能从血缘关系更远的亲王里面挑选继承人，最终选中了嘉靖帝，亲手为她之后悲凉的结局埋下了伏笔。

另一方面，皇帝对后妃的过于宠爱带来的最直接产物就是外戚。

朱祐樘爱屋及乌，对张氏的家人也是极尽恩宠。张氏的父亲张峦原本不过是国子监的监生，在他女儿入宫三年后，就被封为寿宁伯。

在他的外孙朱厚照被立为皇太子的那一年，他甚至上奏朝廷请求提升为侯。尽管朝臣一致表示了反对，但朱祐樘仍然同意了他的请求。

当三年后张峦去世时，朱祐樘不仅将爵位由他长子张鹤龄继承，更是将他本人追封为昌国公。他的次子张延龄之后也被封为伯，并最终封为建昌侯。

张氏兄弟如此轻松地得到了爵位，自然不会对自己的操守有所顾忌和检点。朝臣和地方官员不断向皇帝检举他们的不法行为，希望得到约束和处理，但毫无意外地都被朱祐樘忽略和掩盖掉了。

当然，即便官员们检举张氏家族的言辞再激烈，我们也无法将张氏家族归入到外戚干政的序列。

他们肯定有骄纵跋扈、仗势搜刮等行为，但远不至于对帝国政权产生实质的负面影响。

朱祐樘对张皇后家族的恩宠也只是像普通人家那样，单纯出于对张皇后的疼爱而对其家族照顾有加，而非张皇后或者张氏家族擅弄权柄的结果。

当我们以更微观的视角去看待朱祐樘时，会看到更多被宏伟而模糊的表象所覆盖的细节，通过这些细节我们能更好地看清，这个距我们五百多年前的男人并不只是一个中兴之主的标签就能概括。

虽然他生在黑暗的角落，但在他母亲的教导养育下，形成了与人为善的基本人格，而这一点是历代君王最稀缺少见的品质。

在他继位后，至高无上的皇权并没有让他改变心性和原则。

在执政前期，他选择完全信任和支持官僚集团，在中后期，日渐成熟的他看到了官僚集团的问题，但仍然选择了宽容以待。

正因此，弘治朝才有了最为理想的君臣关系，成为被文官冠以"弘治中兴"的决定性因素。

对于他的妻子张氏，他也是以最大的爱意去守护，并给予了张氏家族最大的恩宠和纵容，而不顾外界的反对与质疑。

所以，无论是定义为"弘治中兴"或者"成弘之治"，其实都没有本质区别。朱祐樘和他的父亲朱见深本来就是一脉相承，尽管两人在执政理念和方向上并不相同，但他们在相当长的执政时间里都难能可贵地遵从了自己的内心和原则，其中也包括对个人感情的选择。

作为皇帝，能如此坚持而不迷失已实属不易。在当时的客观条件和人文氛围下，他们父子二人能将帝国带到如此地步，完全担得起中兴的名头。

对于帝国，他们是中兴之主，对于个人，他们更像是逍遥之主。

此种逍遥不是指那种放浪形骸，而是在自己必须坚守的位置上遵从内心，不囿于世俗，不迷失自我，实现精神上的自由。

当时间来到弘治十八年（1505 年）五月初六，此时的朱祐樘已经走到了他人生的尽头。

司礼监太监戴义召集内阁大臣到御榻前，朱祐樘穿着便服坐榻中，对他们说：“朕承祖宗大统，在位十八年，今年三十六岁，现在得了这个病，自知无法转圜，故与先生们相见。”

朱祐樘握着刘健的手，像是在做最后的告别：“朕为祖宗守法度，不敢怠玩。凡天下事，先生们多有费心，这些我都知道。”

他又接着说：“朕蒙父皇厚恩，选张氏为皇后，成化二十三年（1487 年）某月某日成婚。弘治四年（1491 年）九月二十四日东宫出生，今年已经十五岁了，尚未选婚。社稷事重，可以让礼部抓紧举行。”

之后司礼监太监也陆续进来，跪在御榻外，等候给皇上写遗旨。

朱祐樘这时再次嘱咐阁臣：“东宫聪明，但年幼好逸乐，先生们请他出来读些书，辅导他做个好人。”刘健等人都叩头仰奏说：“臣等不敢不尽力。”

在他临终之际，仍然清晰地记得他和张氏的成婚日期，以及他们儿子的生日，并特意叮嘱大臣要教育好他的儿子。

当他说到张氏和太子的时候，俨然已不再像是皇帝的身份，而更像是个好丈夫、好父亲。

朱祐樘自幼身体就不大好，他曾诵过一首诗（摘录于文首），在病痛中时常自诵以宽慰自己，其中也正蕴含了他随性随心的逍遥之意。

5. 翻船落水真能如此致命？

> 正德英名已播传，南征北剿敢当先。
> 平生威武安天下，永镇江山万万年。
>
> ——明武宗朱厚照《赐大学士杨一清诗 上马留题》

朱祐樘在交代后事的时候，最后还不忘特意嘱咐内阁重臣们要好好教导他的儿子朱厚照做个好人。

其实朱祐樘和群臣们都清楚这个即将主宰大明帝国的十五岁年轻人是个什么样的货色，所以彼此都心照不宣地达成了共识。

他们可能都认为这个聪明的年轻人一定能成为一个合格的皇帝，对于他"好逸乐"的缺点只要加以规劝引导也应该会有所收敛。

然而，他们没有想到，在之后长达十六年的时间里，这个曾被寄予厚望的年轻人竟然一再挑战他们传统的认知和坚守的底线，并且最后留下了一个更加尴尬的局面。

刘瑾对于朱厚照是什么样存在？

外廷官员们之所以有信心能改造朱厚照"好逸乐"的缺点，原因在于他们认为东宫中以刘瑾为首的八个随侍太监马永成、高凤、罗祥、魏彬、丘聚、谷大用、张永才是朱厚照不务正业的关键因素，只要将这几个不良分子清除掉，朱厚照就一定能成长为令长辈们交口称赞的优秀青年。

在朱厚照继位之初，这些操心的长者们见皇上玩乐之势非但没有减少，反而越发离谱，从正德元年（1506年）四月他们便开始发起了对"八虎"的猛烈攻击。

应该说朝臣们选择的时间还是合理的，此时的朱厚照毕竟是刚登基的毛头小子，还没弄明白怎么做皇帝，对于朝中的元老重臣也还有几分敬畏。

等到正德元年（1506 年）十月，请求处理刘瑾等人的声浪越来越高，朱厚照也有些动摇了。

于是他让司礼监太监陈宽、李荣、王岳到内阁去和刘健等人商量，他提出的条件是各退一步，他把刘瑾等人调到南京，希望朝臣能放他们一条生路。

双方来回交涉了好几次，但刘健等人依然不买账，还准备第二天到朝堂上伏阙面争。

其实说白了，就是这些读书人的清高在作祟，他们内心根本看不上宦官，即使是皇帝信任的宦官，也没有资格和他们来谈条件，更不可能对宦官做出妥协让步。

然而，就如同夺门之变的戏码，事情总是在一夜之间发生了翻天覆地的变化。

时任吏部尚书的焦芳将刘健他们的计划告诉了刘瑾，于是"八虎"连夜找到了皇帝，拿出了撒手锏——跪下来拼命哭。

刘瑾对朱厚照说："陷害我们的人其实是王岳，他和内阁大臣串通一气想限制皇上您的出入，所以先要除掉我们。况且飞鹰猎犬何损于国事？"

最后他说了句最关键的话："如果是司礼监任用的人，这帮文官怎敢这样不依不饶！"

朱厚照听到这话，想起了白天和刘健好说歹说都不肯让步，于是顿时反应过来，自己才是皇帝啊。

他立马任命刘瑾掌司礼监，马永成掌东厂，谷大用掌西厂，并连夜抓捕了王岳等人，发往南京充军。

等到第二天早上，大臣们才发现事情已经没有任何转圜的余地。内阁刘健、谢迁、李东阳都请求辞职，皇上欣然同意了刘健、谢迁的请求，唯独留下李东阳，并令焦芳入内阁。

夺门之变距当时只过去了五十年，然而这些文官们依然不吸取教训。

内心的孤傲清高让他们容不下宦官，却又被离皇帝更近的宦官们反将一军。到点下班的他们总习惯将事情留待明天处理，殊不知皇帝和身边的宦官并没有下班的概念，这样他们就永远落后一步。

刘瑾的偶像是王振，所以在得到朱厚照的纵容或是默许后，他逐步巩固势力，形成了对外廷官员的凌驾之势。

在外廷官员看来这是对他们莫大的欺辱，但在皇帝看来这不过是对他们的打压与制衡。

当然，在刘瑾看来，这是他的理想抱负。

刘瑾在朝中获得绝对权势后，毫无疑问地为自己攫取了更多利益，并且采取了残酷的手段党同伐异。但另一方面，他真的在向前辈王振学习，积极参与帝国政务，并努力推行改革。

他对朝廷具体事务进行了大力改革，并分别按照朝廷六部，整理编辑成《见行事例》。据《明史》记载，在他倒台后，"廷臣奏刘瑾所变法，吏部二十四事，户部三十余事，兵部十八事，工部十三事，全都下令恢复旧制。"仅以此窥之，足见刘瑾改革范围之广，改革事项之多。

他还建立了官员不定期考察制度，创设了"罚米例"，即对失职、贪污腐败等违法官员予以罚米输边，既起到了惩戒作用，在一定程度上也充实了边塞储粮。

在文化上，他修撰典籍，调整各地区的科举录取名额，尤其增加了西部地区陕西、河南、山西等地录取人数，降低了江西录取人数。虽然其中可能掺杂了私利，"以优其乡士"，但不可否认对长期以来的科举取士严重分化的现象产生了一定冲击。

在东厂、西厂都已经被人提督的情况下，刘瑾还单独创设了内行厂，这其实也是"八虎"之间明争暗斗的产物。

《武宗实录》记载，正德三年（1508年）八月，司礼监太监刘瑾传旨："改惜薪司外新厂为办事厂，荣府旧仓地为内办事厂。"当时东西厂俱在，刘瑾又立内厂，且亲自统领，京师谓之内行厂。《武宗实录》认为是为了"张其威"，并评价内行厂之行事："比东西二厂尤为酷烈，中人以微法，往往无得全者。"

设立内行厂无非就是刘瑾为了保障其权势地位，也是对抗其他几个竞争对手的有力工具。

内行厂的人数并不多，《武宗实录》记载刘瑾倒台后，"捕刘瑾内行厂官校彭玉等五十七人"。但刘瑾的附庸和工具自然不止这些人，他从开始就"毛举官僚细过，散布校尉，远近侦伺"，并且仅在大同战功中，就擢升"官校至一千五百六十余人，又传旨授锦衣官数百员"。

但是如同王振一样，刘瑾的鼎盛时期也只有五年。

正德五年（1510 年），"八虎"之一的张永在平定安化王叛乱之后，趁献俘之机，向朱厚照痛诉了刘瑾的十七条大罪，其中最不能忍的是谋反。

第二天，朱厚照亲自去查抄刘瑾的家，从家中查出金银数百万两，并有伪玺、玉带等违禁物，在刘瑾经常拿着的扇子中发现了两把匕首，这下坐实了谋反的罪名。朱厚照大怒，下诏将刘瑾凌迟处死，并废除刘瑾实施的一切变革。

刘瑾除了最终没得到善终外，其余的人生轨迹还真和王振颇有些相似。

两人都是有理想抱负的太监，并且都热衷于实践。刘瑾获得权势后，实施了大面积的变革，甚至有人将其称为刘瑾变法。

然而，仔细去考量就会发现，虽然刘瑾的做法不可否认地具有一定的积极意义，但更像是为了变革而变革，显得毫无章法和逻辑，也没有任何本质性的改变。

通俗地说，就是为了刷存在感式的变革。比如他对礼法风俗的改变，"令寡妇尽嫁，停丧未葬者尽焚弃"之类的举措，在当时的环境下，既不符合社会逻辑，也没有任何现实价值。如果将其上升到变法的高度，实在有些滑稽牵强。

至于说朱厚照对刘瑾，他纯粹是基于玩伴的私人感情而纵容或是默许刘瑾做这些事情，根本不会上升到帝国政治、权力制衡的高度。

当别人告诉他，刘瑾作为司礼监负责人已经拥有了绝对权势，他对此不屑一顾，这种绝对权势正是自己亲自给他的。

当别人告诉他，刘瑾在东厂、西厂之外另立内行厂，并且行事比东西两厂有过之而无不及，他也没有在意，内行厂不就几十个官校而已，不过是赏给刘瑾的私属机构而已，能掀起多大风浪。

当别人告诉他，刘瑾弄的那些所谓的改革完全违背了祖宗之法，把朝廷弄得乌烟瘴气，长此以往国将不国，他更不会在意。这不是他关注的重点。在他眼里，这个帝国如此之大，皇帝也好，文官也好，或者是宦官也罢，由谁来管，是改革或者是遵从祖制，似乎都一样，并不会改变什么。

当别人告诉他，刘瑾已经凌驾于文武百官之上，群臣动辄得咎，噤若寒蝉，他不但没有在意，反而有些窃喜。相比起来，内廷宦官比外廷官员可听话多了，顺便收拾一下那些闹心的文官们也是最好不过的。

当别人告诉他，刘瑾要谋反，准备对你下手了，他终于坐不住了。

当他从刘瑾家里搜出黄袍、玉玺和藏着匕首的扇子时，就彻底地愤怒了，他顾不上听刘瑾的辩解，也没有去查这些东西到底是否真是刘瑾的，还是别人嫁祸，很快就下令将刘瑾凌迟处死。

当然，对于真实情况，朝廷和皇帝连想都不会去想要查清楚。一个宦官而已，就算权倾朝野又怎么样，不过是仗着皇帝赏赐的宠信而已。

在他们眼里，宦官连个起码的人都算不上，那些曾经的抱负和改革就像是一场闹剧。

落水不致命，感染才是

外廷官员没有想到，把刘瑾清理掉后，朱厚照并没有表现出一丝收敛的意思。

他们也终于明白，朱厚照就是这样一个逍遥自在的玩主，是因为先有了他，才有了"八虎"，而不是先有了"八虎"，才培养出了他。刘瑾之后，朱厚照身边又出现了江彬、钱宁，以及层出不穷的义子们。

毫不夸张地说，明朝的皇帝里，他在民间的知名度仅次于朱元璋。这些都得益于民间故事的演绎，而演绎的素材来源就是他的南巡。

当常年居于紫禁城的皇帝偶尔出来一趟，而且还是微服偷偷溜出来时，这给人们带来了无穷的想象。

朱厚照和他的父亲、祖父一样，都是只听从内心而坚决到底的逍遥之人，只不过他的内心是向往洒脱自由。

他在即位后就废除了尚寝官和文书房的内官，目的是减少对自己的限制。他从正德二年（1507年）开始就在北京建造豹房，之后就一直住在里面直到去世。他父亲重设的经筵自然是没有再坚持，连早朝经常都不去。

因为有他太爷爷朱祁镇御驾亲征的惨痛教训，朝廷官员无论如何都不同意他亲自带兵打仗的要求。于是，他以皇帝名义封自己为"总督军务威武大将军总兵官"，并给自己改名为朱寿，之后又加封自己为镇国公，令兵部存档，户部发饷。

正德十二年（1517年），他到了宣府，并在这里为自己营建了镇国府，此后称之为"家里"。也正是在这一年，他亲率大军与蒙古小王子正面交锋，并取得了胜利，史称"应州大捷"。

两年后，正德十四年（1519年）八月，朱厚照借着御驾亲征平定宁王朱宸濠叛乱的由头，开始了他梦寐以求的南巡之旅。

实际上，在几个月前他就曾下诏准备南巡，但遭到了官员们的激烈反对，最终以一百多位官员被集体罚跪，继而遭受杖刑使得十几位官员殒命而不得不告终。

这次宁王谋反给了他绝佳的出宫机会，尽管也遇到了官员反对，但毕竟师出有名，不好再强力阻拦。

宁王谋反实在是没有什么技术含量，时任南赣巡抚的王阳明很快就搞定了。但朱厚照好不容易出来一次，当然没那么快结束。

一直到第二年，朱厚照才勉强同意班师回朝。回去路上自然也是游山玩水，到了正德十五年（1520年）九月，经过清江浦，朱厚照兴致盎然，亲自在水上驾船捕鱼，结果翻船落水。

因为他是个土生土长的北京人，不谙水性，所以落水后必然挣扎被呛，再加上当时已是秋季，感染了肺炎是很正常的事情。

亲征军一直到第二年的正月，才回到了北京。两个月后，武宗在豹房驾崩，当时还不满三十周岁。

在他去世前，他特意交代司礼监太监："朕疾不可为矣。其以朕意达皇太后，天下事重，与阁臣审处之。前事皆由朕误，非汝曹所能预也。"

武宗的死非但没有给他传奇人生画上句号，反而给后人留下了更多的想象空间。

很多人并不相信，翻船落水继而染病，真的会致命吗？

武宗是大明朝最后一位带兵打仗的皇帝，在应州战役中甚至亲自斩杀了一名敌人，他能够完成这些举动必然说明他的身体素质应该是没问题的。

再加上正德朝官员们对皇帝的劝谏，或者说是质疑的声音从来就没有消停过，武宗与官员似乎从一开始就站在了对立面，这更加深了武宗之死中阴谋论的意味。

在人们一知半解的领域里，阴谋论往往是最有市场的解说，尤其是涉及宫闱秘闻，诸如皇帝之死、储位之争等，人们的兴趣更浓。

从在位只有九个多月的明仁宗开始，他的猝死，以及当时远在南京监督建造皇宫的太子朱瞻基能够顺利躲过汉王朱高煦的埋伏而及时赶回京城登基等情节，人们便大胆推测他的死其实是朱瞻基早就计划好的阴谋，否则他断不可能比在山东的汉王还要早收到消息。尽管明仁宗朱高炽去世时已经四十七岁，而且常年肥胖的他很大可能是死于心血管疾病导致的心脏性猝死。

回到武宗朱厚照身上，同样有人提出质疑，除了对他身体素质的绝对信任外，还指出他正月回到北京后，发现宫内御医一直治不好，便让司礼监太监去跟首辅杨廷和说要花两万两白银去民间寻找名医，但被杨廷和拒绝了，以致最后身亡。

这里就牵扯出了常年待在幕后不为人关注，但对皇帝性命攸关的人物群体——御医。

明朝的太医院最高负责人为院使，正五品，之下为两名院判，正六品。其实早在朱厚照的爷爷宪宗朱见深死的时候，就已经有人上奏指责是御医们开的药互相冲突，才导致朱见深四十岁就死了。当时的院使是刘文泰，但是孝宗并没有严肃处理，只是把他降为院判。

没想到十八年后，刘文泰还在太医院内给皇帝看病。孝宗在三十多岁竟然因偶感风寒就驾崩后，针对刘文泰的指责就更多了。《皇明纪略》《万历野获编》等野史中对此有着详细记载，认为孝宗的风寒是积热在内，而刘文泰等人错误地使用了大热之剂，导致孝宗烦躁不堪，口渴难忍，但他们还坚决不许饮水。

最后是内官献上甜瓜，孝宗吃过以后，才勉强可以说出话来，召见内阁众臣、司礼监太监交代后事，留下遗诏。

明朝皇帝中长寿的本来就不多，而宪宗、孝宗、武宗这祖孙三代更是出奇一致地都没活过四十周岁，最年轻的武宗更是连三十周岁都没满。

而当时的那些重臣却个个长寿，李东阳活了六十九岁，谢迁活了八十一岁，杨廷和活了七十岁，屠滽活了七十二岁，刘大夏活了八十岁，甚至王恕和刘健都活了九十多岁。

按说皇帝的生活条件和医疗水平没有道理比这些臣子要差，但是连他们的一半寿命都活不到，实在是很令人费解。于是，自然有人将矛头转向了御医，宪宗、孝宗的连续暴毙将这个问题引来了更多指责与非议。

即便如此，刘文泰依然没有因为这些指责而受到处分，最后反而是因为他沉醉于钻营权术，与外廷官员之间权力争斗落败而被抓进了锦衣卫狱，被免掉了御医身份。

相比于之后继位的世宗朱厚熜强硬清理太医院，当这样的御医被攻击，最后却没有得到应有的处理，甚至仍然留在太医院内，人们当然会想到这是外廷官员的刻意袒护。

而当时朝廷里的第一人杨廷和自然就成了最大的嫌疑对象，之后他拒绝朱厚照另寻名医的请求更是加重了他的嫌疑。

由于朱厚照完全不顾官僚集团的建议和要求，有些做法也超出了当时文官们所认为的传统意义上皇帝应有的行为底线，所以他和官僚集团在观念上基本是属于对立面。阴谋论者据此认为，这是当时官僚集团的作案动机。

但归根结底，二者的对立还不至于到你死我活的地步。杨廷和作为武宗信任的官员在李东阳之后接替首辅的位置，已经获取了最极致的地位。

在武宗人生最后的南巡那段时间里，由于正德朝没有皇子，朝政都是由杨廷和在主持。他根本没有必要去费尽心机处理掉武宗，因为尽管随心所欲的武宗是个令臣子头疼的君主，但只要武宗在位，他的地位就无可撼动。

因此，对这些可疑现象唯一可能的解释就是惯性思维，那就是并没有人真的认为治不好是御医的错。

除了宫廷宦官，御医可以算是离皇室最近的群体了。他们拥有各自背后的势力，也会形成不同利益集团相互倾轧。

在中医传统领域里，历来缺乏对疾病的准确诊断，讲求对患者的整体判断，而这基于经验主义的判断又夹杂着浓厚的主观色彩，不同的医生对同一患者做出的诊断可能并不相同，甚至会截然相反。再加上中医对中药材的使用也是基于经验主义，在不同的医生、不同的药方里，对同一味中药所谓的药性甚至会有完全相反的定义。

这里对中医并没有否定的意思，相反，中医在相当漫长的岁月里守护了中华民族的健康，形成了无数不可估量的成果，但注重经验主义的确给中医带来了令人痛苦的不确定性。

正因如此，当时指控刘文泰等御医治死宪宗、孝宗的人仍然在用中医的思维来否定之前的治疗方案，并没有办法拿出更有力的证据，从而导致他们的指控看起来更像是权力斗争，所以最后朝廷对此采取的也是惯用的处理派系争斗"各打五十大板"的方式。

当我们再来看朱厚照的人生最后阶段时，其实杨廷和不停在催他赶紧回京，但他一直在尽可能地拖延时间。即使在九月份落水生病后，朱厚照仍然没当回事，到了第二年正月才回到了北京。

到了北京后也没有急着回紫禁城，而是逗留于通州行宫。之后，朱厚照还坚持着去郊祀，但中途吐血而不得不中止了仪式，并于两个月后去世。

按照现在的看法，武宗朱厚照在翻船落水后最大可能感染了肺炎，他自诩身体素质过硬而没当回事，但当时没有抗生素以防止并发症，而且处在秋季，又是在班师回朝的行军途中，身体抵抗力下降后自愈能力也不足，感染必然会越来越严重。

对于感染的治疗，中医本来就是弱项，在对病理得不到准确认知，以及感染得不到有效控制的情况下，当时太医院御医的治疗已经被证明毫无作用，但朝廷官员基于传统保守的惯性思维，坚持不另寻名医。

当然也可以说，在现代西医技术发展成熟以前，即使是再普通的感染也都有可能致命，换了医生也不一定能救回朱厚照。可能正因为朱厚照的身体素质好，才在这种情况下拖了半年之久。

所以当细节和背景被还原后，武宗的死在当时似乎也很正常，阴谋论的意味可能就没那么浓厚了。

祖孙三代的传承

我们把宪宗、孝宗、武宗祖孙三代放在一起审视，就会发现他们都将自己的人生信条坚持到底，遵从内心，保持自我，更重要的是仍然让帝国运行在正常的轨道上。

宪宗的强硬武功与专宠万氏，孝宗的包容谦和与厮守张氏，以及集大成者武宗的随心所欲与广泛涉猎，都是这种逍遥洒脱的具体表现。

武宗除了在军事上兴致盎然外，他似乎对一切能够接触到的新鲜事物都保持了足够的好奇心和学习的热情。

他通晓蒙古语、藏语，学习藏传佛教，精通佛教经典和梵语，据记载其能亲自披僧衣与藏僧诵经演法。同时，他还通晓阿拉伯语，阿拉伯名字叫作妙吉敖兰。在正德朝出口阿拉伯各国的瓷器上，武宗以"大明国皇帝苏丹·苏莱曼·汗"的身份出现，向遥远陌生的国度展示着他的权威。

他曾亲自接见葡萄牙使者皮莱资，并向随行使者火者亚三学习葡萄牙语。他对这些陌生事物的熟练掌握，也足以证明他父亲和朝中重臣对他天分的肯定是出于真心而非礼节性客套。

武宗在交代后事时，想必心中早已预估到这是他必然的结局，这也是他不惜余力选择的人生。

即使他不因南巡而死，那也可能会死在沙漠的战场，更有可能会不慎死在豹房里猛兽的爪牙之下。曾经他就差点被突然兽性大发的老虎袭击，幸好江彬及时制服。

反正无论是以怎样戏剧性的结局来结束他的一生，只要不是老死于紫禁城的宫廷中，他都为此做好了准备，而且并不觉得遗憾。

第六章

修仙嘉靖——权术派皇帝的一枝独秀

当朱厚照意外去世后，帝国的皇位传承第一次出现了分歧。然而吊诡的是，这个分歧并不是在选定皇位继承人的问题上，而是确定继承人之后的身份认定问题，也就是如何处理朱厚照与朱厚熜这对兄弟的关系。本来这不应该是个问题，奈何当时顶级的官僚集团恰好碰上了不世出的权术派皇帝世宗朱厚熜，双方都低估了对方的决心与毅力，结果使帝国君臣在那些毫无意义的长期拉扯中分裂得越来越深。

1. 不仅是地上的人精，还想做天上的神仙

> 滚滚长江东逝水，浪花淘尽英雄。
>
> 是非成败转头空。
>
> 青山依旧在，几度夕阳红。
>
> 白发渔樵江渚上，惯看秋月春风。
>
> 一壶浊酒喜相逢。古今多少事，都付笑谈中。
>
> ——杨慎《临江仙·滚滚长江东逝水》

武宗死的那一年，正好是杨廷和接任李东阳成为内阁首辅的第十个年头。

由于武宗没有子嗣，在此前那段御驾亲征平叛宁王的时间里，朝廷实际上的监国就是杨廷和。在武宗于正德十六年（1521 年）三月驾崩后，杨廷和瞬间成了掌握帝国未来方向的那个人。

他联合武宗之母张太后，粉碎了平虏伯江彬的阴谋，选定了帝国继承人，并在新皇登基前的三十七天里以先皇遗诏的方式革除了各种弊政，使朝政展现出了一派欣欣向荣之势。

重新焕发生机的帝国以及满怀信心的官僚集团都在等着那个从湖广安陆州（今湖北钟祥市）进京的兴献王朱厚熜。

谁给谁的下马威？

当十四岁的兴献王朱厚熜被通知进京继承帝位的时候，他与其堂兄正德帝朱厚照从未见过面。

史书没有记载他对这个消息的态度，但详细记载了他于四月初一拜别

父亲陵墓，次日辞别母妃后才与朝廷使团一同启程回京。

史官对于这个细节的突显，不知是不是想刻意为之后的大礼议表现出草蛇灰线、伏脉千里的意味。

二十天后，朱厚熜及使团到达了北京城外的良乡，这时朱厚熜与以杨廷和为首的官僚集团产生了第一次冲突，正式拉开了大礼议的序幕。

根据朝廷的安排，礼部准备用太子的礼仪迎接朱厚熜，即从东华门入宫，在文华殿暂住。

但朱厚熜看到议程后坚决不予接受，他表示："遗诏以我嗣皇帝位，非皇子也。"

双方一时僵持不下，朱厚熜表示实在不行他就原路返回继续做兴献王，你们要不再继续找一个藩王去。当然朱厚熜吃准了他们不会这么做，此时继位的遗诏都已经公布天下，他们除了奉迎别无选择。

杨廷和也不是好说话的主，他可能已经习惯了大权在握，容不得挑战他的权威。更重要的是，朱厚熜在他眼里看来只是一个十几岁的外地藩王，连北京都没来过，也没有接受过正统的帝王教育，能轮到他做皇帝已经是八辈子修来的天大恩典，不对他这个元老感恩戴德就算了，竟然还敢和他对着干。

对于朱厚熜不肯进城入宫，他心里也憋着一口气。

双方一下子就陷入了僵局，最后还是由张太后出面调停，直接跳过了皇太子这段议程，命令群臣直接上笺劝进，朱厚熜在郊外行宫受笺，再从大明门入宫，祭告宗庙社稷，拜了祖宗牌位、朝见了皇太后张氏，中午就在奉天殿继皇帝位，并诏告天下。

有人说这次的冲突是杨廷和给朱厚熜的下马威，但实际上这套礼仪是一早就定下来的，而且按照杨廷和选择朱厚熜的指导原则来看，这就是正当程序。

因此，更准确地说，这是朱厚熜给杨廷和的下马威。

谁才应该是未来天子的父亲？

朱厚熜第一时间就展现出了他的手段，敏锐地抓住了最有利的点，那就是遗诏中的"嗣皇帝位"。

遗诏当然不是武宗本人的意思，而是杨廷和在取得了张太后的支持后写出来并冠以武宗的名义公布天下，也意味着朝廷和皇室在处理后武宗时代的关键问题上达成了一致。

遗诏中写道："朕疾弥留，储嗣未建，朕皇考亲弟兴献王长子厚熜年已长成，贤明仁孝，伦序当立，已遵奉祖训兄终弟及之文，告于宗庙，请于慈寿皇太后，即日遣官迎取来京，嗣皇帝位，奉祀宗庙。"

随即，张太后也颁发了懿旨："皇帝寝疾弥留，已迎取兴献王长子厚熜来京，嗣皇帝位，一应事务俱待嗣君至日处分。"

这两份旨意都将朱厚熜进京表述为"嗣皇帝位"，从字面上来看，就是让他直接继承皇帝位置，并没有提到其他的程序。

虽然这句话并不能直接决定什么，但被朱厚熜拿来做文章就成为了杨廷和的重大失误。因为朝廷和皇室在继承人的身份改变上与朱厚熜本人的想法并不一致，换句话说，就是在皇权交接的路径上，二者选择了不同的方向。

按照杨廷和的思路，先要将朱厚熜转变为孝宗朱祐樘的儿子、武宗朱厚照的弟弟，这样就符合兄终弟及的礼法规定。

所以他们才会在一开始按照皇太子的身份去准备礼仪，这里的太子当然就是指孝宗的太子，跟武宗实际已经没有什么关系了。

然而朱厚熜的想法是，先直接从武宗那里继承大统，之后将他的父亲转变为先皇身份，这样名义上他就相当于是从他父亲那里继承了皇位，而非孝宗。

通俗地说，二者的分歧就在于朱厚熜到底该认谁做父亲。

其实朱厚熜的想法在一定程度上也是可行的，如果真的是完全违背礼法，朱厚熜也绝对不会提出，也不会有那么多人前赴后继地加入大礼议的双方阵营。

换个角度来看，杨廷和的思路完全没有考虑到朱厚熜的个人感情，逼着他认伯父为父亲，认自己亲爹为叔父，这得让未来的天子做出多大忍让才能实现，其实从一开始就注定了这是一条艰难曲折的道路。

但杨廷和之所以选择了这条要让朱厚熜做出巨大让步的道路，一方面是基于以杨廷和为代表的朝廷官员所认为的礼法正统；另一方面是为了保障以张太后为首的旧皇室地位。

先来看文官们坚守的礼法逻辑。

按照明朝祖制，皇位要按照父死子继、兄终弟及、长幼排序的合法路径来传承。武宗在位的时候没少让这些文官们操心，在死后更是给他们留下了一道难题。武宗自己没有子嗣，而他父亲孝宗也就这么一个独子，武宗死后，孝宗这一脉竟然就绝后了。

按道理，还有一条路可走，那就是长房无嗣的时候，可以从平辈堂兄弟们的嫡子中挑一个过继给他。

但奈何上天把这条路也堵死了，当时武宗那些兄弟们都没有子嗣。所以只能再往上找解决的办法，那就是从他父亲孝宗朱祐樘入手，从孝宗兄弟们的嫡子中挑一位过继给孝宗，再以皇太子身份入继大统。

孝宗自己的母亲纪妃只生了他一个，而他的父亲宪宗的两位皇后和万贵妃都没有子嗣延续至今，再往下就到了邵贵妃所生的皇四子朱祐杬，成化二十三年（1487年）受封兴王，他这一脉就成了最佳选择。

朱祐杬的长子出生五日就夭折了，他于正德十四年（1519年）去世后，武宗朱厚照亲赐谥号为献王，次子朱厚熜承袭了藩王之位。所以在多重因素的叠加下，当武宗去世的时候，朱厚熜就成了那个幸运的继承人。

也正因为是从孝宗的角度来挑选合法的藩王，朱厚熜就成了那个唯一人选。

实际上，如果只从武宗角度来考虑他堂弟们的长幼排序的话，宪宗第六子、当时仍在世的益王朱祐槟的长子朱厚烨要比朱厚熜大八岁，是武宗最大的堂弟。

但因为益王朱祐槟是德妃张氏所生，不算宪宗嫡子，而且年龄也比朱祐杬小，所以他这一脉才没有被选中。

接着再来看看旧皇室的考虑。

张太后是武宗的生母，与孝宗过了一辈子的一夫一妻生活，只留下了武宗一个儿子。因此，在弘治、正德两朝，张太后和她的娘家人占尽了恩宠。按照杨廷和提出的方案，朱厚熜过继给孝宗，不仅给孝宗拉到了一个儿子，避免了孝宗一脉绝后，也保证了张太后在新朝中仍然能做太后，这对她来说是最好的结果。

所以，杨廷和以此方案顺利赢得了张太后的支持，两人一拍即合，把朱厚熜安排得妥妥当当。

"继统派"与"继嗣派"

朱厚熜登基后没几天，他就下令群臣商议明武宗的谥号及生父的主祀及封号，双方很快就亮出了底牌。

以杨廷和为首的朝臣们援引汉朝定陶恭王刘康和宋朝濮安懿王赵允让的例子，认为世宗既然是由藩王入继大统，就应当尊奉正统，以孝宗为皇考，其生父兴献王改称"皇叔考兴献大王"，母妃蒋氏为"皇叔母兴国大妃"，祭祀时应以"侄皇帝"自称。

另外，他们还特意安排了益王次子崇仁王朱厚炫入继为兴献王之嗣，这是想告诉皇帝，别担心你的生父会绝后，朝廷已经非常贴心地为你考虑到了。

礼部尚书毛澄等六十余人联名将这封奏疏呈给了皇帝，并在最后放了个狠话，称朝臣中"有异议者即奸邪，当斩"。

朱厚熜拿到这封奏疏后的内心估计是崩溃的，他更深刻的体会到了文官们的可怕，以及那些冠冕堂皇的说辞背后令人绝望的寒冷。

本来就是他们叫他来京城做皇帝的，他既没争也没抢。现在倒好，当了皇帝却丢了亲生父亲。更重要的是，他发现即使已经做了皇帝，此时却孤立无援，不知所措。

但很快在两个月后，世宗等来了他的盟友。

正德十六年（1521 年）七月初三，新科进士张璁上书支持世宗，最核心的理由在于世宗即位是继承皇统，而非继承皇嗣，即所谓"继统不继嗣"，而皇统不一定非得父子相继。

他说汉定陶王、宋濮王都是预先立为太子，养在宫中，实际上早就是过继给汉成帝和宋仁宗了，很明显就已经是他们的子嗣。所以他建议世宗仍认自己的生父，在北京别立兴献王庙。世宗看到奏章后无比高兴地说，"此论出，吾父子获全矣！"

由此自然分化出了两个集体，一个是以杨廷和为代表的继嗣派，相对立的是以张璁为代表的继统派，成了大礼议的双方阵营。

此后，两派的对立实质上已不再是单纯观念的对立，而是新旧官僚集团之间的对立。

继统派大多数都是新进官员，继嗣派则是依附在朝廷元老杨廷和及后宫之主张太后身边的官僚。新进官员想上升，就必须要挤掉霸占位置的那些旧人。双方以大礼议为战场，展开了拉锯战。

尽管当今皇帝是继统派的最大支持者，但继嗣派有着深厚的基础。此时的世宗非常清楚，朝政还在这些元老们手里，短时间内根本无法撼动，只能拉长时间线，徐徐图之。

正因如此，带头挑战继嗣派权威的张璁被当权者排挤到了南京任刑部主事，在那里他遇到了由地方知县升任此职的同僚桂萼，两人的观点不谋而合，成了坚定的继统派领头人物。

两年后，他们再次上书重提旧事。

他们仍然坚持认为世宗是以入继之主的身份继承皇位，和预养为嗣的宋英宗身份完全不同，所以不应当遵守濮议之礼。他们强调，如果按照继嗣派的方案，就是罔顾武宗十六年的统治，违背遗诏中禅受的旨意，剥夺了皇帝生父兴献帝不可夺之嫡宗，并且使皇帝生母兴国太后夹在慈寿皇太后张氏之间，根本不合礼数。

奏疏一入，再次撩拨了世宗不安分的心。

嘉靖三年（1524年）正月他召集群臣集议，想改变之前定好的名分礼仪。

此前世宗与朝臣已经达成了微妙的平衡，这是在双方都做出妥协让步的情况下好不容易才实现的局面。

当时世宗登基之后，他想以皇太后的礼仪迎接他生母蒋妃入京，毫无意外地遭到了那些人的反对。

世宗对油盐不进的杨廷和等人已经一点办法没有了，他也曾试过优抚拉拢，甚至还向礼部尚书毛澄送过黄金，但他们就是不给面子。来硬的也不行，且不说抓不到他们的把柄，就算他们有违法乱纪的行为，依附于他们的朝臣也没人愿意站出来对他们下手。贸然动手，只会被这些文官们骂得更加体无完肤，弄不好还会被当作昏君载入史册。

所以世宗只剩下了一个办法，那就是哭。

他对着杨廷和痛哭流涕，并且表示如果你们不同意的话，那他皇帝也不做了，立马送母亲回老家。六十岁的杨廷和面对这个只有十几岁的少年天子，不禁动了恻隐之心，最后同意了世宗的要求，毕竟眼前这个少年还没有他的儿子年纪大。

世宗重启议礼，打破了维持两年的平衡。这次的争议只持续了两个月，最后的结果是世宗将其生父称为"本生皇考恭穆献皇帝"，将生母称为"本生母章圣皇太后"。

这是双方再次达成的妥协，礼部尚书汪俊等人同意在称号中加个"皇"字，世宗同意在称号中加"本生"。

实际上，"本生"二字是强调了生父生母的身份，而世宗仍然要称孝宗为"皇考"，称张太后为"母后"，也就是名义上的父母。

杨廷和真的能"廷和"吗？

虽然世宗在这场争议中仍然被迫接受了他们的条件，但继嗣派损失了一名领军人物，那就是杨廷和。

在世宗提起重议名分的时候，杨廷和就对此表示了强烈的反对，他以请求退休试图对世宗施加压力，但没想到此时的世宗已不再是当年的那个无助少年，他顺势同意了杨廷和的请求。

这是继嗣派节节败退的开始。

世宗之所以能让杨廷和退休，主要在于此时的他和帝国对于杨廷和已不再那么依赖，他对帝国的权力运行更加熟悉，处理起来也更有信心。

更重要的是，继统派的张璁、桂萼已经到了北京，而且赞同他们观点的官员越来越多，世宗已经有了绝对的资本去发起正面对抗。

杨廷和的离开让继嗣派意识到了危机已经在逼近，最后的决战果然很快在四个月后就来临。

七月十二日，世宗在早朝时直接下诏给礼部，要求为其父母按照皇帝礼仪进行祭祀，这道命令完全超越了继嗣派的底线。

早朝结束后，吏部左侍郎何孟春率先引导众人："宪宗朝，百官曾因懿皇太后的下葬礼仪而聚集在文华门前哭谏，最后宪宗听从了。"

杨廷和的儿子、当朝状元杨慎也慷慨激昂地说："国家养士一百五十年，坚守节操大义而死，就在今日。"

这段话听起来似曾相识。在距当时两百多年前的南宋末年，长江上游告急，宋廷诏令天下兵马勤王。文天祥见诏后痛哭流涕，召集了万余人马前去勤王。

朋友制止他说："现在敌军兵分三路南下进攻，攻破京畿，进逼内地，你率万余乌合之众前往，简直就是驱赶群羊同猛虎搏斗。"文天祥却说："我也知道这个道理，但是国家养育臣民三百余年，一旦有急，征天下兵，却无一人一骑驰援。我对此深感痛恨，故不自量力，而以身殉之。"最后文天祥以身殉国，成为一代忠烈。

然而可悲的是，杨慎说出这段话并不是为了民族大义，而是为了与皇帝争那些所谓的礼法名分。

两百多位朝廷大臣跪在左顺门，企图迫使世宗屈服。世宗震怒，命令锦衣卫抓捕带头的八人。

此举一下子让群臣更为激动，杨慎等人甚至擂门大哭。世宗这回下定决心要彻底封住反对者的嘴，下令将五品以下官员一百三十四人下狱拷讯，四品以上官员八十六人停职待罪，朝中的继嗣派几近一网打尽。

几日后，世宗将他生父神位供奉于奉先殿东室观德殿，并上尊号"皇考恭穆献皇帝"，将生母改称"圣母章圣皇太后"。

两个月后，他改称孝宗为"皇伯考"，张太后为"皇伯母"。自此，嘉靖初年的大礼议以世宗的彻底胜利而结束。

在左顺门哭谏中被抓的那些官员，世宗下令四品以上官员停俸，其余官员庭杖，被庭杖致死的就有十六人。

杨慎被流放云南，在途中写下了那首有名的《临江仙·滚滚长江东逝水》。

嘉靖五年（1526 年），杨廷和患病，杨慎得以短暂回家探视，而这也是他们父子的最后一次见面。

此后，杨慎除了短暂搬迁至四川外，一直没有被允许离开云南。嘉靖一朝有六次大赦，杨慎却终不得还。即使按照明律规定年满六十岁可以赎身返乡，但朝中也没人敢忤逆世宗的意思提出对他的豁免。嘉靖三十八年（1559 年），七十二岁的杨慎病逝在云南昆明。

杨慎被誉为明代三才子之首，他的才学无须赘言。如果没有大礼议，他很有可能实现超越他父亲的功绩。然而遗憾的是，固执的杨廷和等人却遇上了少年老成的世宗，以及急于上位的新进官员。

虽然这些在我们当今之人看来毫无意义的礼法争论在当时那个背景下的确具有核心价值，但并不代表杨廷和他们的观点就是绝对正确的道路，世宗一派也具有相当的正当性。

正因此，世宗才会获得最后的胜利。但实际上无论哪一方胜利，付出的代价都是君臣之间的巨大撕裂。

这对于牵涉其中的个人无疑是场灾难，人生命运被彻底改写，但对于整个帝国来说又何尝不是一种打击呢？至少这种对抗撕裂和不信任为持续四十五年的嘉靖朝涂上了灰暗的底色。

不知杨慎在余生中是否曾后悔过，他临终前的那首《六月十四日病中感怀》读来令人唏嘘不已："七十余生已白头，明明律例许归休。归休已作巴江叟，重到翻为滇海囚。迁谪本非明主意，网罗巧中细人谋。故园先陇痴儿女，泉下伤心也泪流。"

伴随着嘉靖初年的大礼议以世宗的全面胜利而结束，朝廷中的官员也完成了一次彻底的换血。

继统派官员张璁、桂萼、李时、方献夫等人成为帝国权力中心冉冉升起的新贵，通过大礼议扳倒旧臣元老成为他们最大的政治资本，也奠定了他们主政之后的风格，那就是改革。

世宗对他们的改革予以了最大程度的支持，因为他急需以持续性改革来赋予大礼议事件更多的合法性和合理性。

通俗地说，就是借此来告诉世人，你看我不只是在礼法上改革旧制，在其他各个方面都是如此。

历史上将嘉靖初年的改革称为"嘉靖新政"，从考试文体、监考官等方面对科举制度进行了改革，在用人制度上推行科举、举荐并行的三途并用之法。

在经济上，对帝国土地重新丈量，以解决土地失额问题。到了嘉靖九年（1530年），桂萼开创了将税粮与徭役审定转为银价，统一征收，以求均平的"一条鞭法"。这些积极的尝试为之后的制度改革提供了经验模板，尤其"一条鞭法"更是万历朝张居正改革的滥觞。

然而正如前面所说，嘉靖君臣实施改革的目的中掺杂了其他的成分，因此所谓"嘉靖新政"的效果并没有想象中那么有影响力。

此时的明帝国已经运行了一个多世纪，各种弊病都已形成了积重难返之势，朝堂之上的既得利益群体都对改革产生了极大的反噬。真要推行改革以重振帝国，非下大决心、花大力气不可，而这种力度嘉靖朝自然是缺乏的。

世宗在即位初年对朝政表现出了积极进取的态度之后，很快就将精力转到了自己的爱好事业上。或者说，在他认为已经坐稳皇位，完全掌控朝臣之后，他便完全展现出了自己的本性。

没有明确的记载表明，世宗到底是从何时开始他的修仙练道事业。但可以明确的是，在张璁、桂萼、方献夫、霍韬等一批因大礼议而得到重用的新进官员之后，紧接而起的夏言、严嵩、徐阶等官员都具备了一项必不可少的素质——写得一手好青词。

夏言与张璁、方献夫等人的矛盾从嘉靖九年（1530年）左右开始进入到公开化状态，此后夏言就一直凭借着皇帝的信任而逐步位极人臣。

世宗进京即位时只有十四岁，刚开始的几年在新进官员的帮助下，将元老旧臣清理干净，稳固了他由藩王入继大统的权力根基。在执政差不多十年后，此时的他步入更为成熟的中青年，在状态上也进入了另一个阶段，可能接纳了方士的游说，开始了修仙练道。

无论是真的相信修仙得道，还是仅仅予以寄托，总感觉身为人精的他在人间已没有对手，于是将目光投向了更远的天空。

2. 修仙和溜须拍马有什么区别？

泛舟无俗情，水送复山迎。
江色迷朝霭，松阴转午晴。
稳依危石缆，深傍绿芜行。
吾已忘机事，沙鸥莫漫惊。

——严嵩《泛舟》

成化十六年（1480 年）二月，当汪直与王越雪夜奔袭，取得威宁海之战的胜利时，在江西袁州府分宜县介桥村（今江西分宜县分宜镇介桥村）一个婴儿即将满月。

婴儿的父亲是个久考不中的读书人，对这个儿子寄予了厚望。二十五年后的弘治十八年（1505 年），这个年轻人终于没有辜负父亲的培养和期望，考中了进士，被选为庶吉士，后被授予编修。

这个年轻人和他的父亲可能都觉得能够考中进士入朝为官，此生已经足矣，估计也就此平淡地过完一生。

这个年轻人也绝没有想到，自己人生的最后二十多年竟然会如此跌宕起伏，成为嘉靖朝最具代表性的人物之一。

这个年轻人就是严嵩。

昔日的门徒，今日的对手

严嵩在正德朝的仕途没什么波澜，先后在北京和南京的翰林院任职。到了嘉靖四年（1525 年），升为国子监祭酒。嘉靖初年，在大礼议中冉冉升起的张璁、方献夫、夏言等新贵官员轮番得宠，严嵩认准了夏言，拼命与他结交，以期在仕途上得到跃升。事实证明，他选择的这条道路虽然憋屈，但最后的收益还是非常可观的。

嘉靖十五年（1536 年），严嵩被嘉靖帝任命为礼部尚书兼翰林院学士，开始与世宗有了直接的接触。嘉靖帝非常注重朝廷的礼仪，所以礼部尚书的重要性不言而喻。而这个位置正是夏言在嘉靖十年（1531 年），从李时手中接过的。

此时的严嵩还仍然只是个苦心经营、谋求升迁的官场老运动员，他按部就班地遵照各项制度侍奉在世宗身边，为朝廷礼乐制度日夜操劳。

但分水岭就在两年后的嘉靖十七年（1538 年），朝中有人上书请将献皇帝庙号称宗，以入太庙。这一提议毫无疑问又遭到了群臣的反对，包括礼部尚书严嵩。

世宗大怒，亲自写了《明堂或问》，质问凭什么他父亲不能入太庙。

严嵩可能在某个节点转变了思路，也有可能之前的反对纯粹是试探，他很快就站到了支持世宗的队列，并且把献皇帝入庙称宗的一切礼仪都筹划准备妥当，赢得了世宗的高度赞许。

从这次入庙称宗事件开始，严嵩突然就明白了一个道理，做夏言的门徒，他的仕途基本已经到天花板了，但做天子的门徒，他的仕途还远没有到尽头。

于是乎，转变观念的严嵩终于和夏言分道扬镳，从此往后，他的为官原则只剩下一条，那就是一切都以满足皇帝意志为标准。

而除了处理常规政务外，世宗的最大意志就是修仙了。

为了配合皇帝的喜好，严嵩无比积极地参与世宗的修仙。他努力地写着青词，并且因其水平之高而深得世宗喜爱。

青词在唐朝时就已经很盛行，是道士们举行斋醮仪式时上奏天庭或征召神将的符箓，用朱笔写在青藤纸上而得名，又名为绿章。

因为青词相当于是写给天上神仙的信，所以形式要极其工整，辞藻要极尽华丽，一般是以四字、六字相间的骈文。

可想而知，既然是写给神仙的东西，里面自然都是些吹捧美化而虚无缥缈的句子，根本没什么实质内容，所以其难度系数比写普通的诗词文章要高得多。

比如，相传最为嘉靖帝所喜爱的这幅长联："洛水玄龟初献瑞，阴数九，阳数九，九九八十一数，数通乎道，道合原始天尊，一诚有感。岐山丹凤双呈祥，雄鸣六，雌鸣六，六六三十六声，声闻于天，天生嘉靖皇帝，万寿无疆。"这是官至少傅兼太子太傅、建极殿大学士的袁炜所写。

正因为青词的撰写难度高，称心的青词写手自然更容易获得嘉靖帝的眷顾而破格擢升。人们将这些擅写青词的袁炜、严嵩、李春芳、严讷、郭朴等内阁大臣都称为"青词宰相"，将他们能做到阁臣这样的高位全都归结于青词。

不过这当然是人们的片面认识。在嘉靖朝想做大官，其中一个必备素质就是要有高超的青词撰写能力，但这并不是全部要素。

自私多疑而且深谙权术之道的世宗不好伺候，作为他身边的重臣不能有半点瑕疵。

然而，夏言对这方面的觉悟远没有严嵩深刻。夏言自视甚高，还有点刚愎自用，对世宗修仙练道并不太支持。

世宗曾将亲自设计的沉香水叶冠赐予夏言、严嵩等大臣，夏言从来都不戴，但严嵩每次觐见都会戴上，而且还特意用轻纱罩住以示郑重。

夏言和严嵩在截然不同的两条路上越走越远，也越来越对立。四年后，严嵩曾经的投靠对象、内阁首辅夏言被革职闲住，已经六十二岁的严嵩加少保、太子太保、礼部尚书兼武英殿大学士进入内阁，并仍掌礼部事。

自此，严嵩正式开启了他长达二十年的阁臣生涯。

但被革职的夏言，仅过了三年，就被嘉靖帝起复，再次进入内阁，与严嵩相制衡。严嵩的面前又出现了夏言这座高山，如果他要登顶，就必须翻过这座山。

但东山再起的夏言仍然没有改变他孤傲的脾气，他凌驾于严嵩之上，处理政务也从来不征求严嵩的意见，并大肆处理严嵩提拔任用的人，甚至还波及了其他无辜官员，引来了朝中怨言。

严嵩对夏言的脾气有着最深切的体会。

当时，朝廷每天会给阁臣准备食物，也就是普通的工作餐。但夏言家底殷实，不吃朝廷的饭菜，而是自带美酒珍馐。

在严嵩和他在内阁共事期间，他们二人每天都相对吃饭，严嵩吃着工作餐，夏言吃着豪华套餐，却一点儿都不分给他。

夏言不分食的做法倒是可以找到借口，也不好过分指责，所以严嵩没有太过在意，但他曾对徐阶说过，他被夏言羞辱的次数多到数不清，而其中最不堪忍受的有两件。

一件是严嵩做了礼部尚书后，好几次邀请夏言去参加庆祝宴席，但夏言都没同意。有时候，夏言先是同意了，但到了约定的时间又托词不去，使得严嵩费心弄来的珍贵食材都浪费了。

另外一件是有次快下班的时候，严嵩又邀请夏言做客，次辅翟銮也在一旁帮忙说情，夏言才答应道："某日，我离开内阁就直接去你家拜访，不回家了。"

到了约定的那天，翟銮先到了严嵩家等候。夏言却又回了自己家，在姬妾的房间里睡了一觉。直到傍晚，他才到了严嵩家。入座后，刚喝了三勺酒、一勺汤，沾了沾唇，他就突然站起来，傲然长揖，之后就乘轿离开了。翟銮见状，也只能跟着走了。整个过程中，三个人竟然没有一句交谈。

按照夏言的性格，这些事情的真实性非常高。在那个年代，这种士人之间的侮辱是致命的。

在严嵩看来，夏言可以看不起他，但不能如此侮辱他。他的心里埋下了报复的种子，而且是置人于死地的那种。

两年后机会终于来临。陕西总督曾铣请求朝廷出兵收复河套，以夏言的性格对此自然是表示了大力支持。

世宗在复套的不世之功与高昂的费用支出之间摇摆不定，但经过一年多时间的争论，兵部仍然没有对后勤保障、战争胜算等关键性问题提出令世宗满意的答案，世宗非常愤怒，感觉又被群臣给要了一遍，而这群臣中的代表人物就是夏言。

严嵩敏锐地察觉到世宗放弃复套的想法以及内心的愤怒，但他并没有一开始就攻击夏言，而是先向世宗进言，详细陈述复套的不可行性以迎合世宗，并表示夏言对国家大事费心费力，自己却没能发挥什么作用，深感惭愧而请求罢免。

这招以退为进的做法相当阴险，看起来是在夸赞夏言罪责自己，但实际上恰恰触碰到了世宗最敏感的神经。他说夏言对复套等国家大事费尽心力，言下之意就是提醒皇帝，夏言已经到了专权独断的地步了。

明眼人都能看出这封奏折中暗藏的杀机，夏言知道后也非常害怕，他连忙上奏认罪，并尤其强调严嵩此前对复套之事并未表示反对，暗含的意思是说自己并没有搞一言堂，内阁里还是充分发挥了民主的。但是，世宗并没有听取夏言的辩解，反而更加指责夏言在"强君胁众"。

这时严嵩走出了第二步。

他一改之前的话风，开始直接攻击夏言独断专权，他在奏折里写道："曾铣刚开始提出复套之策的时候，我就知道这是不可能的事情，但当时不敢提出纠正，这个罪责由我承担，无可辩驳。我和夏言同典机务，事无巨细都应当互相商榷。然而夏言骄横自恣，凡事专决，别说其他的常规性事务不让我知晓，即使是兴兵复套这种国之大事，自始至今，也从来没和我讨论过一个字。内阁呈上来的意见不过是列署臣名而已。"

这下世宗对夏言彻底失去信任了，他命令夏言以尚书的身份致仕，并将其他官职一律削夺。这时是嘉靖二十七年（1548年）正月，距离曾铣最初提出复套之议已经整整过去了两年。

正月底，夏言在京城过完最后一个春节后，拜违阙廷，登船离京。此时的他可能还在想着六年前的那次革职经历，过不了多久就会再度回京，东山再起。

然而，命运总是如此的爱捉弄人。他这次只过了三个月就回到了京城，没有像上次那么久，不过身份却变成了囚犯。

这是因为严嵩走了第三步。

夏言离开京城没多久，仇鸾就起草上奏，弹劾曾铣战败不报、贪墨军饷，并通过夏言的岳丈苏纲行贿夏言来隐瞒罪行。而仇鸾此前因为阻挠军务被曾铣弹劾，此时被还关在狱中。

无论仇鸾的这封奏疏是严嵩代笔，还是为了与严嵩达成了同一战线而写的，它都成功地将曾铣、苏纲送进了锦衣卫狱。之后经过锦衣卫都督陆炳的审讯，坐实了这些弹劾事实。

于是世宗将苏纲发配到边远地区充军，将曾铣定为串通内阁官员的罪名。夏言被抓回北京后，最终于十月份在西市被斩首。

严嵩的这一套组合拳环环相扣，夏言对此毫无招架之力，只能一步步被逼上了绝境。

昔日亦步亦趋的门徒如今却成为阴险狡诈的掘坟人，如果夏言早知会到如此地步，之前就应该多吃几次严嵩的宴席。

严嵩与严世蕃，徐阶与张居正

夏言的陨落，让严嵩在朝中坐稳了第一把交椅，但也更让他坐稳了奸臣的位子。

夏言在为政上的确是算得上专权独断，经过他一段时间的执政，内阁首辅作为朝臣第一人的身份地位更加稳固，相比之下，内阁的其他阁臣存在感都大大降低，其作用和影响力也大为削弱。

这奠定了之后的帝国中央政府权力核心——内阁的运行基调，可以说为张居正实施强力改革打下了制度基础。

夏言在为人上并不讨人喜欢，他的孤傲也并不只是针对严嵩。与严嵩礼遇并贿赂宫中宦官的态度不同，夏言对这些皇帝身边的内官很不友好。

尽管夏言身上有各种毛病，但他的能力还是得到认可的。更重要的是，他并没有做什么违法乱纪的事情，只因与严嵩之间的角逐落败而结局如此悲凉，人们对他报以了最大的同情。

朱国祯在《涌幢小品》中记载，相传世宗在最后批注夏言的处理决定时，曾在禁中数次远望三台星，皆灿灿无他异，遂御笔朱批同意了对夏言的斩刑，便拥衾而卧。圣旨方出，阴云四合，大雨如注，西市雨水更是有三尺深。

京师人为此编了一段谚语："可怜夏桂州，晴干不肯走，直待雨淋头。"

人们对夏言抱有多大的同情，就对严嵩持以多大的敌意，但年近七旬的严嵩完全不会顾忌。他坚定不移地走在一切遵从皇帝意志这条绝对正确的道路上，同时他找到了最得力的助手，那就是他的亲儿子严世蕃。

在史书中，严世蕃被记载为脖子短、身体胖而且瞎了一只眼的粗鄙形象，但却有着无出其右的智慧。

常年修仙的嘉靖帝不常见人，有什么要求都是通过小条子递出来，而且上面写的内容基本属于谜语范畴。内阁的一项重要日常工作就是猜谜，然后再将处理意见票拟后递进去，看是否符合皇帝的心意。

严世蕃就非常擅长揣测嘉靖帝的谜语，并且由他提出的处理意见往往都获得同意。

但和严嵩的小心谨慎不同，严世蕃要比他父亲嚣张跋扈得多。严嵩一辈子只有欧阳氏一个妻子，并且一直相守到老，而严世蕃则娶了二十七房姬妾。

相传，他还曾对外放话，说是连天子的儿子都要给他送银子求他办事。这里指的是世宗的第三子裕王朱载垕，在没有被立为太子之前，户部连续三年都没有拨给裕王府常规的岁赐，后来裕王凑了一千五百两银子打点严世蕃，才顺利从户部拿到了岁赐。

严嵩对于这个儿子既爱又恨，他们父子二人在朝中虽然势力深厚，但暗中的敌对势力也从来没有消停过，严世蕃以及依附在他们身边的那些人都没有经历过低谷和困境，根本不知道低调收敛。向来谨慎的严嵩已经察觉到他们身上的风险，不过他也无能为力，严世蕃的才能和那些宵小之徒的执行力是他离不开的左膀右臂。

夏言死后四年的嘉靖三十一年（1552 年），严嵩在内阁迎来了日后取代他位置的那个人——徐阶。

此时已经七十二岁的严嵩当然不会觉得眼前这个比自己小二十多岁的人会有能力在他有生之年赶走他，他自信地认为他和他儿子已经完全获得了嘉靖帝的信任，能带走他的只有上天。

其实如果严嵩再看仔细点就会发现，徐阶正是当年的自己。

和他一样，徐阶的青词也深受嘉靖帝喜爱，之后也做了礼部尚书。徐阶对严嵩的态度，正如严嵩当年对夏言的态度，甚至还要谦恭顺从。为表示对严嵩的投诚，徐阶将自己的孙女嫁给严嵩的孙子做妾，这种自降身份的事情非常人所能及。获得严嵩的信任支持后，徐阶才得以最终顺利入阁。

在上升路径上，徐阶和严嵩都选择了相类似的道路，应该说这也是被无数次实践证明最有效的路径。

但在辅助者的选择上，两人却有着截然不同的方向。

严嵩选择了他的亲儿子严世蕃，而徐阶则选择了高拱、张居正等晚辈。其中张居正于嘉靖二十六年（1547 年）中进士，选入庶吉士，而此时负责教习他们的正是徐阶。

从此，他和张居正便结下了深厚的师生关系，并一直大力培养、提拔张居正，不仅为日渐衰老的帝国埋下了改革的种子，也为自己赢得了生前身后名，更重要的是保住了自己退休后的地位。

仅从这一点上来看，徐阶就比严嵩要高明得多。实际上，自打徐阶进入内阁后，人们就将他视为除掉严嵩父子的不二人选，不断有人去向他游说，并提供各种严嵩父子的黑料。但徐阶对此都是不置可否，隐忍不发，他似乎在耐心地等待着最佳机会，就如同严嵩当年对付夏言一样，时机和策略缺一不可。

然而徐阶实在太能等了，他等待的似乎不是攻击的机会，而是严嵩的自然死亡。

因此，人们对他的做法也颇不认可，甚至用徐阶是严嵩小妾的侮辱说法来讽刺他对严嵩的唯唯诺诺。

十年后，由于严世蕃因母亲去世而丁忧，严嵩失去了重要的帮手，他开始逐渐丧失嘉靖帝的信任。

嘉靖四十年（1561年），吏部尚书吴鹏致仕，严嵩想让他的亲属欧阳必进接任，但世宗不喜此人。

严嵩密奏皇帝，称欧阳必进是他的至亲，"欲见其柄国，以慰老境"。这基本是在倚老卖老地胁迫皇帝同意。世宗考虑到他的年龄地位，最终答应了他。

但这封密奏还是不出意外地流传了出去，引起了官员们的强烈不满，甚至有人说他比"与人主争强"的王安石还要厉害。这是嘉靖帝最不能触碰的底线，当年夏言就是因为嘉靖帝认为他"强君胁众"而失势。

这个说法的形成，基本就宣告了严嵩政治生涯的终结。

果然，几个月后，世宗就命令欧阳必进致仕，这释放了非常重要的信号，徐阶当然不会错过。

第二年，山东道士蓝道行以善于扶乩而闻名，并进入宫中辅助世宗修仙练道。之后，蓝道行通过扶乩将严嵩为奸臣转化为上天旨意，不断给世宗洗脑，以邹应龙为代表的官员们也趁势群起攻击，世宗最终勒令严嵩退休，并逮捕了严世蕃。

严嵩起于修仙，却也败于修仙，可谓是莫大的讽刺。

而推荐蓝道行入宫的不是别人，正是徐阶。

嘉靖四十四年（1565年），严世蕃被判斩首，严嵩被没收家产，削官还乡，成了无家可归的孤寡老人。

相传，他寄居在家乡某处守孝的棚子里，平日里靠捡拾墓地里的贡品为生。嘉靖四十五年（1566年）四月二十一日，八十六岁的严嵩终于走完了他漫长的一生。

死后，没有人给他下葬，也没有吊唁的人。

无论是严嵩在世，还是死后至今，他都是以十足奸臣的形象出现在民间叙事中。京剧中有名的《打严嵩》杜撰的就是邹应龙戏弄严嵩的故事，一直为人所津津乐道。

与此相对，人们将扳倒严嵩的功劳全都算在了徐阶身上，也不再计较之前他是在等待时机，还是在等待对手死亡，将他定义成了以身事贼、忍辱负重的正面人物。

人们总是喜欢以最简单明了的标签去定义历史人物，给他们做最直观单纯的人物画像，而不愿去探究更多细节和人最基本的复杂性。

严嵩为人诟病除了把持朝政、擅权贪腐等标配的情节外，就是他对夏言、杨继盛、沈炼等同僚的痛下杀手。

然而人们没有想过，这些处理命令都是由世宗朱厚熜最终做出的。世宗无论重用哪一位官员，都不会对其有彻底的信任，他更愿意看到官僚集团的分化与平衡，这是他进京城后第一时间学会的最重要的理念和手段，并由此一直将最高权力牢牢掌握在自己手中。

所以，他心中理想的内阁首辅是要站在他这一边牵制百官，而非统领百官站在他的对面。

这不只是世宗的愿景，也是所有皇帝的愿景，只是世宗更有手段、更为狠心，故而能够实现。

严嵩看透了世宗的心思，他甘愿站在皇帝这边做那个与百官对立的首辅，收获的报酬就是长达二十年的位极人臣，而付出的代价就是背负更长时间的骂名。

徐阶当然也看透了这一点，所以他在坐上首辅位置后，在内阁墙壁上挂了一幅条幅，上书："以威福还主上，以政务还诸司，以用舍刑赏还诸公论。"

与其说这是他在表明执政理念，倒不如说这是他向世宗表明忠心，因为谁都可以看出整个条幅真正在说的只是第一句——"以威福还主上"。

徐阶再次展现出了他比严嵩更加高明的政治手段，以及更具城府的为人。徐阶在隆庆年间致仕回家后，纵容宗室子弟横行乡里，大量购置田产，徐家名下占地竟然多达二十四万亩，而他是上海华亭人，南方地区富庶高产的土地比北方更具价值。

相传，隆庆年间时任应天巡抚的海瑞依法惩治了徐阶的家人，徐阶竟然贿赂给事中戴凤翔上奏弹劾海瑞包庇奸民、沽名乱政等行为，使海瑞被改任南京粮储的闲职。

吊诡的是，之前在嘉靖朝海瑞上书痛骂世宗的时候，徐阶可是因解救海瑞而获得了一致好评。

如此看来，当时所谓的解救更大可能是徐阶看出了世宗不会处理海瑞的心思，便做了顺水人情为自己赚得了名声。

徐阶的行为在当时就已经引起了人们的反感，有人说他这个退休在家的罢免宰相，竟然"能逐朝廷之风宪"。

将严嵩与徐阶做如此对比，当然不是说要将二者的历史定位做对调，这是极端而非理性的无用功。

我们只是应当要到那些历史人物的多样性和复杂性，意识到他们曾经是活生生的人物，有着立体而丰富的性格秉性，囿于时代的局限缺点和超越时代的眼光心性可能在他们身上并存。

就像严嵩，他其实留下了大量的诗词，其中很多都有非常高的文学价值，以及寄托其中的出世情怀。

然而造化弄人，在人生的最后关头，当他回想这一切时，也只能无奈写下"平生报国惟忠赤，身死从人说是非"。

3. 如果壬寅宫变成功了会怎么样？

大将南征胆气豪，腰横秋水雁翎刀。

风吹鼍鼓山河动，电闪旌旗日月高。

天上麒麟原有种，穴中蝼蚁岂能逃。

太平待诏归来日，朕与先生解战袍。

——明世宗朱厚熜《送毛伯温》

如果要问世宗朱厚熜这辈子最后悔的事情，估计就是嘉靖二十一年（1542年）十月二十一日那晚选择在端妃曹氏的翊坤宫过夜。

朱厚熜无疑是个人精，十四岁时以藩王身份入继大统就能将元老旧臣逐个清理，可以说是将命运一直牢牢地攥在自己手中。

但在他六十年的人生中，唯独只有那一晚，却被别人死死扼住了咽喉，而且还只是区区一群宫女。

前无古人后无来者的宫变

让我们先来看看参与壬寅宫变的那些宫女们，她们是杨金英、苏川药、杨玉香、邢翠莲、姚淑皋、杨翠英、关梅秀、刘妙莲、陈菊花、王秀兰、徐秋花、邓金香、张春景、黄玉莲、张金莲。

如果不是这一场中国漫长历史中唯一一次由宫女主导的事变，这些名字无论如何都不会出现在《世宗实录》中。

其实从这些名字就可以看出，她们都是些普通人家的姑娘。她们发动这场谋杀，并没有多么复杂的动机和利益，只是为了活下去。

此时的世宗朱厚熜沉迷于修仙练道已经有一段时间了，他极度信任陶仲文等道士，长期服用由他们炼制的富含重金属的丹药，导致性情暴躁、喜怒无常。

一方面，世宗他们炼丹的一味药材——天葵——就是就地取材，用的是宫女们的经血，所以那些宫女在经期时不得进食，只能吃桑叶、喝露水，以保持身体洁净。

有时为了增加数量，还会让宫女服用药物促进排血，导致很多宫女命丧于此。

另一方面，世宗对待宫女甚为严格，动不动就鞭笞宫女。据《李朝中宗实录》记载，被打死的宫女多至二百人。要知道，当时宫里总共也不过一千左右的宫女。

不光是宫女的日子不好过，后宫的那些妃子们过得也是提心吊胆，甚至会有生命危险。

朱厚熜的第一任皇后陈氏在一次皇室聚会中，因为皇帝盯着张顺妃、文恭妃等妃子的手看，陈皇后心生嫉妒，就很愤愤地丢杯子站起来。世宗见状大怒，命令已怀有身孕的陈皇后罚跪，导致陈皇后流产，不久后就病重身亡。

之后的张顺妃成为继任的皇后，但五年后因为替武宗生母张太后说情触怒了世宗，而被废掉，两年后也去世了。

有学者做过统计，在嘉靖帝的七十六位后妃中，有五十一位死在嘉靖帝之前。其中固然有正常的寿命因素，但也不乏因为世宗暴躁多疑、喜怒无常的脾气性格导致的非正常死亡。

再也无法忍受的宫女们与宁嫔王氏合谋决定："咱们下了手罢，强如死在他手里！"宫女杨玉香将细料仪仗花绳解下，搓成了一根绳子，这就是最主要的作案工具。

当晚，端妃的宫女杨金英将端妃引开，之后她们手忙脚乱地将绳子套在了朱厚熜脖子上，其余人掐脖子，摁住手脚，用黄绫布捂住口鼻，眼看着就要大功告成，但奈何绳子打了个死结，一直拉不紧。这时，大家已经乱了阵脚，不知所措。

张金莲见大事不妙，便跑到皇后方氏的坤宁宫告密。案发地翊坤宫与坤宁宫相距不远，方皇后很快就赶了过来，本来按计划进行的谋杀案件变成了未遂状态。

当时朱厚熜虽然还有气息，但还处于昏迷状态。方皇后在此期间对参与此事的宫女做出了处理决定，并趁机将受皇帝宠爱的端妃也一并算在了里面。

沈德符在《万历野获编》中对此记载为："时上乍苏，未省人事，一时处分，尽出孝烈，其中不无平日所憎乘机乱入者。"同时，在众御医畏惧获罪，不敢用药的情况下，方皇后支持太医院使许绅大胆用药，救回了世宗。

这十六个宫女第二天就被凌迟处死，王宁嫔和曹端妃也都被秘密处死。一场轰轰烈烈的闹剧就此收场。

时至今日，人们仍然不敢相信这场无限接近成功的宫变真的只是出自宫女之手。

有人认为，这是方皇后为了嫁祸曹端妃而实施的计划，属于宫斗的剧情。甚至还有人认为，这是大礼议中落败的文官集团联合宫女对嘉靖帝实施的暗杀。

在没有更多的证据去论证这些观点真实性的情况下，无论经过多久，猜测仍然只能是猜测。

当我们换个角度来看，这场宫变很大可能就是如官方记载的那样简单。这些宫女在当时的环境下，没有其他路可走，要么世宗被她们杀死，要么她们被折磨致死。

其实这件事情的吊诡之处不在于它的真实性，而是在于它体现出看似戒备森严、密不透风的紫禁城实则只是花架子。

当所有人都认为这是最严密之所的时候，人们往往就相信了自己的主观判断，而不再去关注客观情况。

通俗地说，这种灯下黑式的悖论差点让嘉靖帝付出了生命的代价。一旦这种主观判断被打破，则会对习以为常的思维方式产生颠覆性影响，使得原本就多疑的世宗变得更加极端。

此后，他对紫禁城充满了疑惧，开始搬到西苑，潜心修道，开启了世宗后半场更为刻薄寡恩、自私自利的帝王生涯。

庚戌之变——另一场灯下黑式闹剧

斯蒂芬·茨威格在《人类群星闪耀时》一书中写道："命运之神向强者和强暴者迎面而来。她多年奴隶般地俯首听命于恺撒、亚历山大、拿破仑等人，因为她喜爱同她一样不可捉摸的强力人物。然而有时，虽然任何时代都极为罕见，她会出于一种奇特的心情，投入平庸之辈的怀抱。……极少有人能抓住机遇而平步青云。因为大事系于小人物仅仅一秒钟，谁错过了它，永远不会有第二次恩惠降临在他身上。"

命运之神将改变明帝国的机会放在了那群宫女手中，然而她们没能把握住那关键的一秒，将绳子打成了死结。

历史的神奇就在这里，如果她们把握住了这一秒钟，会有怎样的结果呢？

很有可能，我们就不会再知道壬寅宫变的存在，嘉靖帝在史书的记载中就是暴毙于后宫。鉴于他长期服用丹药，人们对此不会抱有怀疑态度。只会再感叹一句，大明帝国的皇帝怎么就是活不过四十岁呢？

如果把善后工作做得好一点，那些宫女们有可能会全身而退，从水深火热的煎熬中解脱出来，等待下一任帝王。当然，更大可能是她们会因为掩盖事实的需要，而被秘密处理掉。

无论对于她们的命运会产生怎样的影响，对于帝国来说，可以确定的最大影响就是下一任天子将要提前二十四年上岗。

但是千万不要想当然地以为，隆庆新政将要提前开始。因为，此时的太子是朱厚熜的二儿子朱载壡。

未来带领着徐阶、高拱、陈以勤、张居正等重臣奠定隆万大改革之基础的穆宗朱载坖此时还只是裕王。

按照正常的剧情发展，裕王还需要再等七年才能送走太子。之后，他还要再等十六年，直到他父亲朱厚熜去世的前一年，才能送走他最大的竞争对手——景王朱载圳，坐稳太子之位。

其实在太子死后，按照长幼有序的传统，太子之位理应是给裕王。但景王颇得世宗宠爱，太子之位迟迟没有定论，所以朝中分化出了以严嵩为首的拥景派和以徐阶为首的拥裕派，在较长一段时间里闹得沸沸扬扬。

所以说，如果嘉靖朝真的定格在二十一年，太子朱载壡继位后，虽然我们无法确定他是否会像之后的穆宗那样知人善任、开放包容，但可以在很大程度上判断，在当时首辅夏言的辅佐下，帝国的对外政策一定会更加强硬积极。

历史当然没有如果，那些宫女们错过的关键一秒钟让她们走向了更为悲惨的结局，也让帝国走向了更加保守封闭的境地。

明帝国北边的鞑靼首领俺答汗日益强大，东南沿海的倭寇也不断骚扰作乱，甚至窜至南京，南倭北虏的局势愈演愈烈。

嘉靖二十九年（1550年）六月，蒙古土默特部首领俺答汗因先后八次请求开放贡市都没有得到批准，而率领军队长驱南下，直逼大同。

当时任宣大总兵的是仇鸾，此人爷爷仇钺是汪直的亲密战友，即时人讽刺汪直建功立业所倚仗的"两钺"（王越、仇钺）之一。惶恐之下，他的手下以重金贿赂俺答汗，让大军绕道走，不要侵犯大同。俺答果然改向往东，直奔京城而去，一路上遇到的明军基本是一触即溃，八月中旬已经兵临城下。

在土木堡之变的百年后，帝国的首都竟然再度沦陷到了蒙古人的铁蹄之下，史称"庚戌之变"。

俺答大军打到北京城下后，仇鸾领兵赶来勤王，获得了世宗的高度赞赏，被任命为平虏大将军，大同、保定、延绥、河间、宣府、山西、辽阳七镇赶来的勤王部队全都由他统领。

世宗想学景泰帝朱祁钰，可惜仇鸾并不是于谦。

不过幸运的是，俺答也不是也先。

俺答没有也先那么大的野心，他并没有问鼎中原的宏图大志，他只想和大明帝国做点买卖，增强势力以应对自己的竞争对手。

仇鸾长期驻扎在边镇，他知道俺答的心思，他本人其实是主张开放互市的，以经济利益换取边境和平，但奈何在此之前朝中以曾铣、夏言等主张复套为主流。

所以在庚戌之变中，与其说是仇鸾贿赂俺答改变了行军路线，倒不如说是两人似乎已经达成了某种心照不宣的默契。

敌军在北京城外烧杀抢掠，仇鸾统领的勤王部队非但没有组织起有效的反击，反而纵容士兵将头发编成辫子冒充蒙古人劫掠百姓，"民苦之甚于虏"。最后，朝廷被逼无奈同意了通贡互市，实则已经是屈辱的城下之盟。

如果说一百年前的京城被围，还能找到借口是因为英宗将主力军全都葬送在了土木堡，那庚戌之变则连借口都找不到。

两边实际上都没有认真地打，更像是在京城外搞军事演习，顺带着抢劫财物，而最苦的无非是老百姓。庚戌之变的短短几个月时间，"诸州县报所残掠人畜二百万"。

看起来最安全的地方往往是最脆弱的地方。壬寅宫变暴露了皇宫的脆弱，而庚戌之变则暴露了京城的脆弱。

这些脆弱是致命的，但嘉靖帝和明帝国都幸运地躲过了灭顶之灾。姑妄言之，也许真的是朱厚熜通过修仙得到了上天的庇佑吧。

第七章

神宗万历——有事写信，没事别来

作为明朝存在时间最长的一个年号，持续四十八年的万历朝发生了很多事情。朝堂之上，有延续隆庆朝的改革中兴，也有对张居正的清算，更有持续十五年的国本之争，以及围绕立储发生的妖书案、梃击案等纷乱之事。朝堂之外，受全球化影响越来越深的民间海外贸易带来了更多的白银流入，对帝国传统僵化的财政体系带来了更大的冲击。帝国的内陆与边境一如既往的不太平，并且辽东女真经过百年的休整已经成长为帝国全新的对手。神宗朱翊钧并没有超脱的眼光和能力，或者说面对如此困境，此后的帝国君臣中都没有能及时做出改变以扭转颓势之人。帝国的沉沦已如同脱轨的列车，无可逆转地朝着深渊滑去。

1. 如果生在明朝晚期，将会怎么过完一年？

> 莺啼处，摇荡一天疏雨。
>
> 极目平芜人尽去，断红明碧树。
>
> 费得炉烟无数，只有轻寒难度。
>
> 忽见西楼花影露，弄晴催薄暮。
>
> ——陈子龙《谒金门·五月雨》

那个从湖北进京继承大统的外乡人朱厚熜不仅出乎意料地在与文官集团的博弈中取得全胜，更是不可思议地享国四十五年。

在此之前，虽然他不是大明皇帝中最长寿的，却是在位时间最长的那个。直到六年后，他的孙子朱翊钧即位成为神宗，长达四十八年的万历朝才打破了他的记录，成为大明历史上待机时间最长的一任皇帝。

万历二十九年（1601 年），一个因感异梦而自施宫刑的十七岁少年被选入皇宫，他自称原名是刘时敏，其家世袭延庆卫指挥金事，其父曾官至辽阳协镇副总兵。这个少年进宫后隶属于司礼监太监陈矩名下。

到了天启初年，他因目睹魏忠贤擅权乱政却又无能为力，而将名字改为若愚。此后，他被人诬陷为魏忠贤同党而下狱。

在狱中，他自觉悲愤难鸣，便效仿太史公马迁，将在宫中数十年的见闻、魏忠贤等人的胡作非为以及自己的冤屈呕心沥血十几年时间，著述成书，即为《酌中志》。

书中对万历、天启年间的宫廷和民间风俗都作了详细记载，其中对一年之中各种节日特色饮食的记载颇为有趣，从中我们会有更加直观的感受，过了近四百年的时光，我们所在的生活到底发生了多少变化，或者说，我们自以为先进的现代社会之物资水平又能比四百年前丰富多少。

热热闹闹的正月

人们在年前腊月二十四祭灶，之后宫中的女眷内臣都穿上了穿葫芦景补子蟒衣。

各家各户都蒸点心、备肉，准备了接下来一二十天的量。等到年三十的晚上，大家互相拜祝，叫作"辞旧岁"。人们大吃大喝，鼓乐喧闹，庆贺新年。

门上贴门神，两旁会放上桃符板、将军炭（用红箩炭末做成的将军形状，也被叫作彩妆）；室内悬挂福神、鬼判、钟馗等画像；床上悬挂金银八宝、西番经轮，或者用黄表纸变成的龙的形状。屋檐上会插上芝麻秸秆，院中烧起柏枝火堆，被称为"煜岁"（就是火烧旧岁的意思）。

正月初一当时叫作正旦节。这天五更就起床，焚香放纸炮，将门闩或木杠在院地上抛掷三下，叫作"跌千金"。饮椒柏酒，吃水点心（就是饺子），就是俗称的"扁食"。有些饺子会偷偷包些银钱在里面，吃到的人寓意着一年的好运。

白天大家互相拜祝，叫作"贺新年"。吃的食物也很有特色，比如"百事大吉盒"，里面有柿饼、荔枝、圆眼、栗子、熟枣。比如驴头肉，也用小盒子装起来，因为俗称驴为鬼，所以吃驴头肉也叫作"嚼鬼"。

立春前一日，顺天府在东直门外"迎春"，凡勋戚、内臣、达官、武士，都赶赴春场跑马，以较优劣。等到立春那天，无论贵贱都会吃萝卜，叫作"咬春"。人们互相宴请，吃春饼和菜。

正月初七是"人日"，也是吃春饼和菜。自初九开始，就可以逛灯市买花灯。人们也会吃元宵，就是用糯米细面做皮，里面用核桃仁、白糖为馅，如核桃大小，当时的江南就已经称之为汤圆。

正月十五日是上元节，也叫作元宵节，女眷内臣都穿灯景补子蟒衣。灯市到了十六日更为盛大，天下繁华，都聚集于此。达官贵人及女眷都登楼观赏，好不热闹。

当时深受人们喜爱的美味有冬笋、银鱼、鸽蛋、麻辣活兔，塞外的黄鼠、沙鸡、鹊鸡，江南的密罗柑、凤尾橘、漳州橘、橄榄、小金橘、菱角、脆藕，西山的苹果、软子石榴、活虾之类，不可胜数。

本地产的食物就有烧鹅鸡鸭、猪肉、冷片羊尾、爆炒羊肚、猪灌肠、大小套肠、带油腰子、羊双肠、猪里脊肉、黄颡鱼、脆团子、烧笋鹅鸡、炸鱼、卤煮鹌鹑、鸡醢汤、米烂汤、八宝攒汤、羊肉猪肉包、枣泥卷、糊油蒸饼、乳饼、奶皮。

素菜有云南的鸡枞，五台的天花羊肚菜、鸡腿银盘等蘑菇，东海的石花海白菜、龙须、海带、鹿角、紫菜，江南的莴笋、糟笋、香菇，辽东的松子，苏北的黄花菜、金针菇等，数不胜数。茶就有六安的松萝、天池，绍兴的芥茶，径山（位于杭州市余杭区）的虎邱茶。如果下雪的话，就到暖室里赏梅，吃烤羊肉、羊肉包，喝浑酒、牛乳。

万历帝最喜欢吃烤蛤蜊、炒鲜虾、田鸡腿及笋鸡脯，还一直喜欢吃海参、鲍鱼、鲨鱼筋、肥鸡、猪蹄筋的乱炖。如此高嘌呤的摄入，很有可能使朱翊钧患上了严重的痛风。

正月十九叫作"燕九"，城中的勋贵内臣都会前往京城西南边的白云观游玩。从十七到十九，御前的各式花灯都会被撤掉。正月二十五日叫作"填仓"，也是醉饱酒肉的日子。

赏花游玩的春季

二月初二，各宫门撤掉了安放的将军炭。各家各户将黍面枣糕用油煎，或者和以稀面摊为煎饼，叫作"薰虫"。人们吃河豚，饮芦芽汤，以解其热。各家煮过夏之酒，吃"桃花鲊"，这是一种用盐和红曲腌制的鱼，因其颜色红艳而得名。

清明，也被称为"秋千节"，人们在鬓角插杨柳，各后宫中都会安上一架秋千。各宫的沟渠也都在此时疏浚，园圃、台榭、药栏等也都在这个月修饰。内臣在宫殿挂上可以收卷的凉席，为之后的夏天遮阴做好准备。四月初四，宫眷内臣换穿纱衣，朝廷会钦赐京官扇柄。牡丹盛开后，还会设席赏芍药花。

四月初八，吃"不落夹"，这是一种用苇叶包裹糯米做成的食物，长可三四寸，阔一寸，味道和粽子一样。人们在这个月吃樱桃，以为此岁诸果新味之始。人们将新长的麦穗煮熟，去壳后磨成细条食用，称为"稔转"，以尝此岁五谷新味之始也。

人们将各种瘦肉、肥肉与切成豌豆大小的姜、蒜混合拌饭，再用以大的莴苣叶裹而食之，叫作"包儿饭"。北方人爱吃的甜酱、豆豉也是在这个时节制作。人们还会吃烧笋鹅、凉饼，吃蒸熟的糯米面加糖、碎芝麻做成的糍粑。还有比较特殊的食物是雄鸭腰子，大的一对可值五六分银子，相传吃了可以补虚损。

四月初旬以至下旬，人们前往西山、香山、碧云寺、高梁桥等处游玩，并给涿州娘娘、马驹桥娘娘、西顶娘娘进香。二十八日，前往药王庙进香。

夏天的节日

五月初一到十三，宫眷内臣穿上五毒艾虎补子的蟒衣。门两旁安菖蒲、艾盆，门上悬挂吊屏，上画天师或仙子、仙女执剑降毒故事，就如同过年时节的门神一样，挂一个月才撤掉。

五月初五午时，饮朱砂、雄黄、菖蒲酒，吃粽子，吃加蒜过水面，赏石榴花，佩艾叶，合诸药，画治病符。皇帝有时会前往西苑，赛龙舟、划船，有时也会前往万岁山前插柳，看御马监的人骑着马表演各种技艺。夏至那一天，人们戴草麻子叶，吃"长命菜"，也就是马齿苋。

六月初六，皇史宬古今通集库（即皇家档案馆）晒晾。人们吃过水面，嚼"银苗菜"，也就是莲藕的嫩苗。人们在夏季的初伏日制作酒曲，就是用白面、绿豆黄再加料混合后晒干。

立秋之日，人们戴楸树叶，吃莲蓬、莲藕，晒伏姜，赏茉莉、栀子花、芙蓉等花。万历帝喜爱吃新鲜莲子汤，还喜欢将新鲜的西瓜籽加少许盐炒制后食用，通俗地说就是喜欢磕咸味西瓜籽。

七月初七就是"七夕节"，宫眷们换上了鹊桥补子的蟒衣。宫中设乞巧假山，兵仗局伺候宫女们做乞巧针（即姑娘们穿针引线验巧，向织女星乞求智巧）。七月十五日是"中元节"，甜食房供有菠萝蜜。西苑做法事，放河灯，京都寺院都做盂兰盆道场，也在临河处放河灯。

七月也是吃鲥鱼的最佳时节，人们赏桂花、斗促织。促织各有名色，都是以赌博求胜为目的，善斗的促织价值十余两银子不等。

中秋节与秋收的秋季

到了八月，宫中赏秋海棠、玉簪花。自八月初一起，就有人开始卖月饼。人们也互相馈送月饼、西瓜、藕等食物。

八月十五中秋节，家家供月饼瓜果，等待月亮升起焚香后，就大肆饮酒、吃东西，大多到天亮时分才散席。如果有剩下的月饼，则收起来放在干燥风凉的地方，等到年底全家聚齐的时候再分食，称作"团圆饼"。

此时是开始酿新酒的时节，也是螃蟹正肥的时节。螃蟹的吃法和现在完全一样，都是洗净、蒸熟，先将脐盖揭开，再用指甲仔细挑出蟹肉，蘸醋蒜以佐酒。有些人展示其剥蟹的技巧，剔蟹胸骨，八路完整如蝴蝶。吃完后，人们会喝苏叶汤，并用苏叶水洗手。

人们会在这个时节将红白软子大石榴从树枝上剪下保存。大玛瑙葡萄也是在这个时节剪下，缸内放少许水，将葡萄枝悬空放在缸内，如此直到正月还会很新鲜。

九月，御前进安菊花。自九月初一起，人们吃花糕。宫眷内臣从初四开始，换穿罗重阳景菊花补子的蟒衣。

九月九日"重阳节"，皇帝会驾临万岁山或者兔儿山，爬山登高。人们吃迎霜麻辣兔肉，饮菊花酒。人们在这个月腌糟瓜茄，制作菜蔬，并且糊房窗、抖晒皮衣、制衣御寒，为接下来的冬天做准备。

漫漫长夜里的冬季

朝廷会在每年的十月初一颁布下一年的新历。十月初四，宫眷内臣换穿纻丝，平时所摆玩的石榴等花树，此时会连盆入窖。人们吃牛乳、乳饼、奶皮、奶窝、酥糕、鲍鱼，一直到来年开春二月。

人们在这个月开始放鹰打猎、斗鸡赌博。内臣贪婪成俗，非常喜欢斗鸡这个项目，所以会花重金购买好斗之鸡，并且雇善养者饲养调教，白天调驯，晚上加食，叫作"贴鸡"。晚上饲养者必须一直点灯观察，统计所啄之数，如果一晚上能吃到三四百口的就比较厉害。

此时的北京夜晚已经比较寒冷，内臣开始烧地炕。漫漫长夜，饱食逸居，无所事事，常常是聚众饮酒、赌博以打发时间。内臣又比较喜欢吃牛驴的不典之物（即生殖器官），将雌性的称之为"挽口"，将雄性的称之为"挽手"，将羊的睾丸称为"羊白腰"。至于白公马的睾丸，则尤为珍奇，被称为"龙卵"。

十一月开始，百官上朝会戴上暖耳朵。冬至那天，宫眷内臣都穿上阳生补子的蟒衣。皇宫的屋里贴上画着绵羊引子的画贴，司礼监会印制"九九消寒"的诗图，每个九都会对应的诗四句，比如一九就以"一九初寒才是冬"开头，九九的最后一句是"日月星辰不住忙"。这些诗句并非词臣应制所作，也不是御制，都是些民间的瞽词俚语。

这月，人们开始制作腌糟猪蹄尾、鹅脆掌、羊肉包、扁食、馄饨，以为阳生之义。冬笋上市的话，人们也会不惜花高价买。天气逐渐寒冷起来，人们每日清晨吃辣汤，吃炒肉、浑酒御寒。

进入十二月，家家户户开始腌制猪肉，吃灌肠、油渣、卤煮猪头、烩羊头、爆炒羊肚、炸铁脚小雀加鸡蛋、清蒸牛肚、酒糟蚶、糟蟹、炸银鱼、醋熘鲫鱼或鲤鱼等菜品。

十二月初八，就是吃腊八粥的时候。人们提前几天将红枣槌破泡汤，到了初八早上，加粳米、白米、核桃仁、菱米煮粥，供奉在佛龛、神像之前，门窗庭院、井灶之类的地方也会摆放。此外，全家一起吃，或者相互之间馈送。

十二月二十四是祭灶的日子，各家各户蒸点心，置办年货。自这一天起，一直到正月十七日，乾清宫前的红色台阶及台阶上的空地上，每晚都会燃放花炮，如果有大风就暂停半日或者一日。皇帝有时也会去看烟花表演。年三十晚上，就是一年的岁暮"守岁"。

这就是晚明时期一年中的那些美好时节和诱人食物，如今四百年过去了，无论是节日风俗还是饮食特点，基本上没有什么大的变化。但其中唯一的区别就是，这些消费是当时宫廷或者是殷实之家才普遍享有的。

对于普通老百姓来说，虽然日子一如既往的贫穷，一年到头能少挨点饿就是天大的幸福，但实际上能生活在万历朝已经是很幸运的事情了。

在万历朝之后，帝国内陆经历着越来越频繁的灾患、瘟疫，帝国边关面临着前所未有的强大威胁，在风雨飘摇的帝国中能活下来就要谢天谢地了。

2. 财政危机之下，皇帝也要努力存钱

斗大黄金印，天高白玉堂。

不因书万卷，那得近君王。

——明神宗朱翊钧《劝学诗》

在明史学界，大多数学者都认为自嘉靖后期开始，明政府遇上了财政危机。根据史书的记载，当时的情势的确不容乐观。

嘉靖三十三年（1554年）九月，户部上了一份哭穷告急的奏疏，里面说当时京师储存的粮食不到一千万石，还不够两年的开销。年收入在二百万两的太仓库也从未收足过这些银两，现在只有三四十万两，但各处都是张着嘴要钱的人，已经难以为继。

晚明时期的财政危机

在嘉靖朝后期，帝国当时的财政处于负债运转状态。新的财政收入被用来弥补之前的财政亏空，如此循环只可解燃眉之急，如果遇到大的突发事件，则会有崩溃的危险。

在嘉靖帝之后的隆庆朝及万历朝的前期，有高拱、陈以勤、张居正等

人的辅佐，尤其是在张居正政治改革的影响下，太仓库的收入翻了一番，财政收入有了很大程度的改善。

但是这种改善只是暂时的，因为张居正的改革并没有从源头上改善帝国的财政收入结构，很大程度上是通过提高政府运作效率来节省开支以扩充财政收入。

所以，一旦这种依靠上下级隶属关系的压力和个人影响力来强行提高效率的做法被推翻后，所有的改变都会被立即打回原形。

当在张居正执政时期节省下来的银子被花光后，政府很快又陷入了财政窘境之中。

此时的中央政府除了向地方征调银两外，也只能是拆东墙补西墙。万历时期，各地藩王进献银两缓解朝廷财政问题也是常有之事。

据记载，万历二十二年（1594年）五月，沈王朱珵尧就捐了千两白银、千石粮食供给戍边军费；万历二十四年（1596年）七月，潞王捐了一万两白银供朝廷修缮宫室，万历还特意下旨嘉奖。

之后各地王府捐助银两在史书记载中屡见不鲜，这也反映了当时中央政府遇到了财政危机并不是什么机密事件，至少在官僚群体里是公知的。

随着时间的推移，情况似乎并没有什么好转。

万历三十二年（1604年），户部尚书赵世卿上奏，各地下半年年例应发白银一百五十七万多两，但现在只有四千五百余两白银，窘迫到连零头都够不上。万历只能下诏先调用太仓银二十万，太仆寺银三十万，之后再补上。中央政府财政的窘迫可见一斑。

实际上，当时政府财政状况之窘迫以至于连皇室成员都不得不做出捐款的表率。

万历三十三年（1605年）二月，因为修建祖陵，皇太后带头捐了三千两白银，皇帝自己捐了五千两白银，皇后和妃嫔、皇太子和王妃一共捐了三千三百两白银。

这些钱虽是九牛一毛，但是这种捐款行为本质意义是由皇室成员做出表率，以示全国上下众志成城共渡难关的决心。

既拿不出钱也拿不出辙的政府官员

对待财政危机，皇帝和大臣的态度是不同的。

从上文引用的一些资料就可以看出，当政府部门遇到了财政危机，负责人就将压力推向了皇帝，而经过商议能找到的解决方案无非就是拆东补西。被拆的一方得到的是皇帝的保证，即等某一项收入完纳后立即补足。压力都集中到了皇帝身上，而官员们却不能提出有效的解决措施。

万历十二年（1584年）四月，户部尚书王遴上奏请求退休，他说自己为了想办法应对财政危机，曾要求各级官员提出财政策略以供商议，但结果没有一个人响应。

作为全国财政系统总负责人的户部尚书要求各级官员积极出谋划策，连这点小要求尚且无人响应，则可想而知各级官员的消极态度，以及中央政府对整个财政系统控制力度的低下。

事实上，不只是财政系统官员如此，万历朝的很多官员都有这种消极态度。

据《神宗实录》记载，万历十五年（1587年）四月，当时还偶尔打卡上班的神宗发现出勤的官员比较少，便命令锦衣卫鸿胪寺清查缺席的文武官员，一下子就查到了四百四十三个，都被扣了两个月工资。

当天礼部尚书也没来，神宗气不过，专门下旨把他训斥了一番，而且还表示"朕视朝虽蚤，诸臣亦当伺候着回将话来"，意思就是我虽然上朝也不多，但你们也要随时伺候着，不能这么消极怠工。

所以当时形成了这样的局面：焦头烂额的皇帝试图找到更好的解决措施，而叫苦不迭的官员却虚与委蛇，推脱责任。

很多学者都探讨了官员之所以这么消极的原因，黄仁宇的观点比较传统保守，认为是官员们的"重农抑商""藏富于民"等传统儒家思想导致他们对政府向社会群众过度征税持消极抵抗的态度。

另外也有人提出了比较激进的观点，认为明代政府的放纵以及工商业本身的强烈愿望，使得政府权力的天平急剧向资产阶级倾斜。

明朝文官的相当大一部分成员都是出身于工商业家庭，而他们在政府内的言论作为也确实不遗余力地在他们自己的阶层效劳卖力。在明朝中后期，整个政府几乎全部控制在资产阶级工商业者的利益代言人手中。

这两种观点都具有代表性，只是分别从不同的角度解释了该现象，都有存在的价值和基础，而不可能是非此即彼。

抛开这两种观点不谈，导致该现象还有一个重要的原因，就是明代的政治体制决定了皇帝与群臣之间很难有彼此信任的精诚合作。万历总是从外库中挪用银两以供己用，却很不情愿以内帑支援外库。

在一般认知中，皇帝以四海为家，以六合为帑藏，但事实并非如此，有文官集团和祖制的制约，皇帝在行使各种公共和私人行为的时候，并不能随心所欲地直接占有财产。帝国的收入并不等同于皇帝的收入，国库与内帑是完全相互独立的。

正常情况下，帝国政府财政部门，即户部管理的财政系统（通俗意义上的国库）与皇帝个人的财政系统（通俗意义上的内帑）是不能混淆的。虽然皇帝常有从户部额外调拨银子消费的行为，但阻力总是很大，这也更加证明了二者本质上的独立性。

来看些例子就更加清楚了。

万历十一年（1583年）十二月，万历为了宫中喜事赏用，下诏要调用太仓银十万两，光禄寺银五万两。

大学士申时行等据理力争，一番讨价还价之后，万历退了一步，不再调太仓银两，但从光禄寺拿了十万两白银。不管官员怎么诉苦，决定了的挪用计划即使是打个折也是要实现的。

再比如万历三十二年（1604年）九月，万历君臣间关于钱款调用的一来一回也非常有意思。

当时神宗给内阁下旨，言辞之间关怀备至，表示："你们多次上奏说户部欠了很多边饷，我也知道你们都不容易。"

紧接着话锋一转，表示："我在宫里面的日子也不好过啊。各种赏赐费用比以往大大增加，足足多了二十万两开销，以至于内帑都快撑不住了，真是没钱支援国库了。各种费用先欠着吧，等以后拖欠的银两补上来了就还回去。"

对此大学士沈一贯等人回应："国库收入已经不可能再开源了，如今库存也只剩下五十万两，一直这么挪移借支根本不是个办法。"就算皇上承诺用拖欠银两补给，但由于拖欠银两很难追补，所以这承诺无非就是空头支票。皇帝、官员都在哭穷，而帝国的财政再也没好转过。

如果仅从存款额度上看，朱翊钧的内帑相比外库是阔绰一些。

当万历四十八年（1620年）他驾崩时，紫禁城中的仓库被发现存有大约七百万两白银。当时官员们不可能不知道内帑藏银的盈余，所以很多奏疏中都明显透露出外库告急，需要内帑支援的意思，但朱翊钧却为了保持自己的积蓄完整而一再哭穷。

其实七百万两白银乍一看觉得惊人，但仔细想来，朱翊钧做了将近五十年的皇帝，这些存银平均到每年无非就是十几万两的节余。这些省下来的银两是皇帝自己的家底，朱翊钧当然要爱惜。

但官员不买这个账，有钱不给的最终结果只能是官员的消极怠工，并且使得朱翊钧的吝啬和爱财在史上齐名。

政府货币控制权的双重冲击

明代中期以后白银货币化和海外白银的大量流入引发了研究热潮，对待此问题的态度，有的人极力称赞歌颂，但也有人视之为洪水猛兽。

无论是何种观点，很遗憾的是当时的帝国治理者并没有意识到这个问题，只能是无奈地被世界发展的洪流裹挟着前行。

首先，白银货币化和白银流入涉及一个核心问题，即货币控制权。杜车别在《明朝的灭亡和中国古代政治制度的超前发展》一文中认为，明代白银货币化本质上是民间私人商业力量和政府官方对货币控制权争夺的结果。

明代中晚期大量海外白银的流入，既是这种争夺本身的一个结果，又是最终帮助民间私人商业力量在这场争夺中获得了胜利，最终确立白银货币化的一个重要原因。

韩毓海在其著作《1500年以来的中国和世界》中也认为，虽然白银的大规模流入成就了明朝后期的繁荣，但也为明朝的覆亡埋下了祸根，因为这意味着明朝将自己的货币控制权拱手让与他人。

明朝初期，政府是拥有货币控制权的，朱元璋在未登基前就已经多次下令铸造铜钱，明初政府颁行大量禁令以确保宝钞通行。

但经过十四世纪五十年代元朝纸币问题的冲击，民众接受政府发行纸币的意愿明显减弱了。

再加上国库贵重金属储备不足，导致纸币与银的兑换率呈大幅度下降的趋势。一贯纸币在 1376 年可兑换一两白银，而仅过了十年后，就降到了 0.2 两。及至 1567 年，更是降到了 0.0006 两。可以说，明朝政府在货币控制上是失败的。

明朝政府丧失货币控制权是必然的趋势，因为根本原因在于政府财政收入的不足。

如上文所述，政府的财政收入长期处于入不敷出的状态，所以根本不可能再有充足的财政贮备以支撑纸币的发行。再加上社会财富的不断积累，以及后期白银的大量流入，更加剧了纸币的贬值。

在这种趋势下，政府只能逐渐放开货币控制权，并最终赋予了白银货币合法性。到嘉靖六年（1527 年），政府规定各处起运京库户口盐钞，"今后每钞一贯，折银一厘一毫四丝三忽。每钱七文，折银一分，计钞一块，共折银四两"。至此，以白银作为折算基准已经完全制度化了。

货币是政府实施其主导政策的一个重要工具，有助于政府权力的广泛增长。哈耶克在其著作《货币的非国家化》中批判政府垄断货币发行权，他认为近代以来政府之所以不断扩张，在很大程度上是由于它能够通过发行货币来弥补其赤字——而借口经常是它将因此而创造就业机会。

政府是否应该垄断货币发行权这是另外一个纬度的问题，但货币发行权对政府的重要性不言而喻。

铸币的专有权除了是获取收益的一个诱人来源之外，也是获得实力的一个重要手段。

同时，货币控制权的丧失降低了政府在社会发展中的调控作用，使政府在社会发展的大环节中仅仅成了"消费者"，丧失了主动权。对社会发展中出现的需要政府宏观调控的问题，政府无法有所作为，只能任由社会自身调节。

另外，政府在财政收入匮乏时期，无法通过发行货币以解燃眉之急，而只能通过拆借挪用的方法应付，致使政府职能无法得到充分发挥。

其次，海外白银的大量流入使原本就微弱的帝国财政储备更是雪上加霜。对于明朝后期海外到底有多少白银流入中国，很多学者都做了自己的研究和估算。

大体而言，对于自十六世纪六七十年代到明亡（十七世纪四十年代）这段时期流入中国的白银数量，多数学者的估算倾向于两至三亿两。以此为基础，并将这段时间大约计为八十年，则每年流入国内的白银超过了三百万两。

这笔略低于万历时期太仓库每年收入的白银数额是相当可观的，而对于这些通过海外贸易流入国内的白银，政府并没有从中得到太多利益。

因为有明一代的商业税征收是非常低效和无力的，而商业领域才是社会财富的核心地带。所以，大量的白银都流入了民间，使得社会财富不断积累增多，相反，政府的财政收入却无法得到相应程度的扩充。

背道而驰的发展方向致使政府的财政储备相较于社会发展程度显得更加微不足道，在面对社会问题时只能束手无策。

社会上白银流通量剧增，导致金银比价不断下跌，白银不断贬值。在1568-1644 年，金银比价由 1∶6 扩大到 1∶10，高时甚至达 1∶13。另一方面，在 1577 年到 17 世纪 20 年代早期之间，中国的银与铜的比价从1∶229 缩小为大约 1∶112。

银的贬值使政府的财政储备进一步缩水，更加削弱了政府的宏观调控能力，使明帝国深陷财政危机的泥沼中。

何以解忧，唯有挖矿

嘉靖万历时期，政府的财政危机是迫在眉睫丞须解决的困境，国库告急，内帑也不宽裕，四处都在伸手要钱。财政危机之下，皇帝也要想办法努力存钱。

最直接的当然是增加税率，但税率在开国时便已成为定制，任何增加税率的尝试都有可能会落下暴君的骂名。

事实证明，通过正当税收程序来增加收入是行不通的，皇帝只有走非正当路径。既然白银挣不到，那就干脆直接去地下挖，于是皇帝派亲信去各地开银矿就成了常态化操作。

万历一直为人所诟病的弊政之一就是派遣矿税特使，不过四处挖矿真不是他的原创。而且仔细观察便会发现，整个万历朝并不是一直都处于矿监四出、扰民滋事的状态。

这其中有一个节点，就是万历二十四年（1596年）。

在此之前，万历帝并未直接四处派遣内使开矿，对开矿采取比较保守的态度。从《神宗实录》的记载来看，至万历二十四年（1596年），朱翊钧才开始四处派遣特使开矿。

万历二十四年（1596年）七月，朱翊钧派户部郎中戴绍科、锦衣卫金书杨宗吾往河南开矿。

同年八月，又在真州、保州、蓟州、永州开矿；闰八月，派太监陈增督同府军卫指挥曾守约往青州等府开矿，不许动支官银及扰害地方。

同年九月，又命内官陈增并开山东文登县矿洞，王虎并开房山县矿洞。敕王虎等会同该道分委廉能官全采房山矿，差太监田进开昌黎矿。

十一月，开山东金岭等处矿。十二月，差太监曹金开采浙江孝丰诸暨等处矿洞，差太监赵鉴开陕西西安等处矿洞，命开陕西蓝田等县河南信阳州等矿洞。

仅从上述史料记载的委派记录便可以看出，这几个月朱翊钧是比较繁忙的。自这个节点之后，矿税特务在万历朝就没有消失过。

有明一代，矿税特务在万历朝发展到了高峰时期。朱翊钧虽然四处派遣特使开矿，但从他的命令中可知，他的本意是在不扰民滋事的情况下多弄些收入。但摊子铺得太大，超出了控制范围，往往导致背道而驰的结局。自此之后，抨击矿税的言论就从未在朱翊钧身边消失过。

从当时的实际情况来看，派内监亲信开矿，与其说是皇帝私欲所致，不如说是当时帝国政府遇到的各种困境所迫。

当然，皇帝的想法是美好的，但是到了底下执行的时候往往是相差甚远，那些太监们到了地方必然是仗着皇命为非作歹，巧取豪夺。这也是万历帝众多被诟病的毛病之一。

虽然在朱翊钧自己看来，他可能有点冤枉，但毕竟也不能算是什么光彩的政绩。

3. 每一个神奇皇帝的背后都有一个玄幻的妃子

绿遍潇湘外，疏林玉露寒。

凤毛丛劲节，只上尽头竿。

——张居正《题竹（十三岁应试作于楚王孙园亭）》

终明一朝，万历帝朱翊钧不仅是在位时间最长的皇帝，也是即位年龄最小的皇帝。隆庆六年（1572 年）五月，他父亲穆宗朱载坖病危，在病榻前，司礼监太监冯保宣读留给他的遗诏："朕不行了，皇帝你做。"

此时的他只有十岁，而且还是虚岁。

鸡娃的标配——管得严的母亲和负责任的老师

可以说，朱翊钧在刚开始的那段帝王岁月里过得并不太如意，因为他感觉自己并不像个帝王。

在外廷，做主的人是张居正。他要做的事情就是听张老师的安排，绝对维护老师的尊严和权威。

回到内廷，他的母亲李太后比张居正管得还要严格。

按照现在的标准，这位母亲绝对属于"鸡娃"类型。

神宗自己说他五岁的时候就能读书。有时想偷个懒，李太后就马上找他来，让他长时间罚跪。每次在经筵听完讲课，李太后总是让他复述所讲内容。

凡到上朝之日，李太后五更时就来到明神宗的住处，叫他起床，有时还直接让侍臣扶他起来，取水为他洗脸，让他清醒。

有次，神宗喝多了酒，让内侍唱新曲给他听，内侍没有唱，他便开玩笑取剑要杀内侍，最后在身边人的劝解下，割掉了内侍的头发。结果，李太后听到这事后，让张居正上书劝谏，又把神宗找来罚跪，一一列举他的过错，神宗哭着表示悔过，这事才过去了。

即位之初的神宗毕竟还是个孩子，对怎么做皇帝以及做了皇帝能怎样还没有概念。在这种陌生的环境下，一般人都会不自主地选择服从，所以朱翊钧在这段时间表现出了极大的服从。

朱翊钧最怕的是他妈老拿那句话来威胁他："再闹的话，就改立你弟弟潞简王朱翊镠为帝。"

朱翊镠是朱翊钧的亲弟弟，以当时李太后与冯保、张居正结成的统一战线，换个皇帝真的不是威胁。只要他们愿意，这只是分分钟的事情。所以这是朱翊钧最大的软肋。

万历朝就是在这样几方人物的共同操持下，实现了近乎完美的开局。从嘉靖末年开始，徐阶、高拱、张居正等人一脉相承，将振兴帝国的改革策略一以贯之，终于在集大成者的张居正身上达到了最高峰。

有张居正坐镇内阁，朱翊钧基本上只要在他的皇位上好好享受就可以了，所有的大事小情都给他安排得妥妥当当，包括他的婚姻。

那个对的人却出现在错的时间

万历六年（1578 年），十五岁的朱翊钧结婚了，妻子是锦衣卫指挥使王伟的长女。这个皇后当然是李太后和张居正共同为他挑选的，但叛逆的他对这个淡泊宁静的王皇后并不喜欢。

不喜欢的结果就是王皇后的肚子一直没有动静。

然而，命运之神总是在不经意之处展现她的神奇。万历九年（1581 年），朱翊钧在李太后的慈宁宫中私幸宫女王氏，后来王氏有孕，朱翊钧还想赖掉，但有《内起居注》的记载和赏赐给王氏的信物为证，再加上李太后急着抱孙子，朱翊钧不得不承认了这事。

很快，宫女王氏就顺利成为恭妃王氏，并于万历十年（1582 年）八月生下长子朱常洛。

朱翊钧完美遗传了老朱家的性格特点——固执，对他不喜欢的就会一直不喜欢，对他喜欢的也会一直喜欢。

他从内心一开始就不愿意接受皇后王氏、恭妃王氏这两个王姑娘，即使恭妃给他生下了第一个儿子，也没有改变他的态度。

如果朱翊钧知道他命中注定的那个女孩在几个月后就会进宫，他应该会控制住自己的冲动。

万历九年（1581年）八月，朝廷下诏备选九嫔。一个姓郑的姑娘因姿色出众，被选入宫，第二年三月被封为淑嫔，位列九嫔第二。按时间来推算，此时离朱翊钧临幸宫女王氏只有四五个月的时间。

自万历十一年（1583年）十一月郑氏生下皇次女云和公主朱轩姝后，她在五年内生下了三子三女，可见朱翊钧把所有的爱都给了她。

他们的子女中，皇次子朱常溆诞生当日就夭折，而皇三子福王朱常洵成了日后与皇长子争国本的主角。也正是在生下朱常洵的万历十四年（1586年），郑氏被晋封为皇贵妃。

随着皇长子逐渐长大，以及皇三子的诞生，持续十五年的争国本就此拉开帷幕。

虽然朱翊钧挑起的争国本事件也是针对礼法制度而对抗群臣，看上去与他爷爷世宗朱厚熜挑起的大礼议有些类似，但他们最大的不同在于，朱厚熜在大礼议中的观点和理由有一定的道理，所以能获得同情和支持，而朱翊钧在争国本中的观点和理由完全站不住脚，所以他才落到了被一致反对的地步。

可以肯定是，朱翊钧对郑贵妃的爱是真实而毫无保留的，他可以为了郑贵妃而对抗全世界。

钟情的特点在老朱家也不少见，比如宪宗对于万贵妃，孝宗对于张皇后。

争国本事件虽然旷日持久，其间神宗绞尽了脑汁，用尽了方法，一拖再拖，内阁大臣都换了好几拨，但最后的结果还是没能扳过大臣。

除了他的想法不符合礼法传统外，还有一个重要的因素就是言官成为了朝堂之上一股可怕的力量。

然而，这股力量其实是朱翊钧自己亲手放出来的，就如同打开了潘多拉魔盒。

与皇帝斗，千古留名

万历十年（1582年），那个一手擎起帝国的千古名相张居正去世了，他觉得帝国中兴的道路已经铺就，那个曾经听话顺服的学生，如今的大明天子一定会按照他描绘的蓝图往前走。

但他没想到，如今的天子已不再是个孩子，而是长成了一个跃跃欲试的小伙子，他要把所有放出去的权力都收回来，此后他也不会再允许出现像张居正这样的臣子。

与其说，他在这之前是迫于张居正与李太后的压力而选择放权给张居正，倒不如说他在一开始就已经想好了要集权于一身，不过是为了推行改革才给的张居正权力。

因为在万历元年（1573年）二月，即位不过半年多的朱翊钧就因为官员弹劾谭纶咳嗽失仪的事情说过，咳嗽这么小的事情，何至于免掉一位大臣，不能让那些鸡蛋里挑骨头的人得逞："若用舍予夺，不由朝廷，朕将何以治天下！"

一个十岁的孩子能有如此见解，足见其绝不是唯唯诺诺之辈。

但即便是这样，神宗在张居正去世后也不可能一下子就将权力全都收回来，因为此时依附于张居正的那些官员还有很多。只要张居正这张王牌不变色，那他们永远都代表着政治正确，可以一直掌握着重要位置和话语权，对抗其他官员，甚至是当今皇帝。

神宗需要帮手去颠覆张居正的形象，并扳倒那些利益集团。

撼动张居正这样的绝对权威，必须具备的素质就是心狠手辣、不要脸，而且要有持久的战斗力和顽强的生命力。神宗放眼望去，朝堂之上最适合做他帮手的就是那群言官。

于是，他为了顺利改换风向，便亲手开闸放水，这个水当然就是口水。

明朝的言官们是特点非常鲜明的一个群体，前无古人，后无来者，他们名义上是监察系统，但最后经常会异化成斗争工具。他们更像是一群食人鱼，个头不大但战斗力凶悍，而且往往团体作战、一哄而上，瞬间撕毁目标。

这个目标不在于性质的好坏，而在于是不是他们认定的。

张居正就是被这样一群人摧毁了。

被摧毁的不仅是张居正个人，顺带着将以他作为背书的一系列改革举措都推翻了。神宗实现了他的计划，言官们也如愿以偿地发展壮大，重现了往日的荣光。

但没过多久，神宗就发现事情不妙，那些人将矛头转向了他。

他们开始上书骂他本人，神宗似乎才意识到，这群人原来真的是恪尽职守，他们并没有知恩图报的想法，只会坚持一个理念，那就是要向一切错误的做法开炮。

皇帝不上朝，他们要骂。皇帝不见大臣，他们也骂。皇帝不立皇长子为太子，他们更骂。

读这些骂人的奏折已经是够气人的了，而最气人的是堂堂皇帝还拿他们一点办法都没有。

明朝的言官们早就形成了风气，谁上书被责罚得越狠，名气就越大。如果被皇帝罢官回到家了，那更是声名远播，慕名而来的拜访者那是相当多。

这是种多么恐怖的激励机制。

当然，明朝的每任皇帝都不会逃过言官们的攻击，只不过是数量多少和难听程度的区别。

但真要论起来，估计嘉靖和万历这爷孙俩排第二，其他皇帝没人敢排第一。

更重要的是，骂他们爷俩的奏疏在质量上也达到了巅峰。

嘉靖朝，海瑞所上的那封《治安疏》里面，那句"嘉靖者言家家皆净而无财用也"更是被演化成"嘉靖嘉靖，家家干净"这种耳熟能详的俗语而广为流传，形成了后人对世宗的第一印象。

骂万历的奏疏中最有名的就是万历十七年（1589年）《酒色财气四箴疏》又名《酒色财气疏》，是大理寺左评事雒于仁在万历十七年（1589年）十二月写的一本奏疏。从两年前开始，神宗就已经不怎么上朝了，经筵日讲什么的都停了好久了，甚至连常规祭祀也常常旷工。

对此，神宗给出的理由是身体偶感不适，逐渐的这种不适从偶然变成了常态。

于是，雒于仁上书说，皇帝的身体不适都是由于酒、色、财、气这四样东西引起的，三百六十度无死角地将神宗堵死在了昏君的圈子里。

其实大多数时候，官员上书劝谏皇帝根本没有真凭实据，外官对皇帝的了解并不多，所以有时候上书劝谏纯粹是为了博个名声。

就像之前我们说过的，宣宗朝时期，有个官员就曾上书劝宣宗多读书，有空读读《大学衍义》。宣宗对此非常愤怒，连《大学衍义》这种基础入门书籍都没读过，还怎么当一国之君，最后实在气不过，处罚了这个官员。

所以万历看到《酒色财气疏》的时候，内心估计也是一万种委屈却无处申辩。作为皇帝，他总不能搞个内廷开放日吧，把这些官员请到宫中实地看看他没上朝的时候到底在宫里干些啥。

要说酒色伤身，可神宗最后也是活到了将近六十岁，除了他爷爷，帝国皇帝已经很长时间没有活到这个年纪了。

要说沉迷女色，朱翊钧一生总共有十女八子，最小的一个孩子天台公主生于万历三十三年（1605 年），这时的朱翊钧都四十三岁了。在他正常的年纪，没事与自己的老婆们生生孩子，难道不正符合外廷官员所鼓励的雨露均沾、子嗣绵延吗？

连朱常洛的母亲，那个不受待见的王恭妃，之后在万历十二年（1584年）都给朱翊钧生了一个云梦公主。

要知道，当时在孝宗朝，也是这些官员拼命地劝皇帝多生孩子，不要只守着张皇后过日子。结果到了神宗身上，他却被骂成了沉迷女色。

这封奏疏送到的时候，正值朝廷岁末放假，被搁置了十天。一直到来年的正月初一上班后，万历将这封奏疏拿给申时行他们看，准备严厉处置作者雒于仁。

申时行一面为了维护雒于仁；一面为了照顾好皇帝的心情，便出了个绝佳的处理办法。

他跟皇帝说，这封奏疏不能发到外面，只能留中不发，否则外面的人会认为其中内容都是真的。然后他建议将此事交给内阁处置，他们会指示大理寺卿让雒于仁辞职。

万历帝知道这事只能这么处理了，如果真把雒于仁抓了杀了，那正中他下怀，而且显得自己心虚，反而坐实了里面的指控。

于是，几天后，雒于仁不出意外地上书请求退休养病，神宗不仅同意了他的请求，还顺道将他罢为平民，剥夺了退休待遇。

申时行的神操作让他顺利地获得了搭救忠臣的美名，雒于仁免于牢狱之灾，而且他和这封奏疏最后还是留在了历史上，成为文官们时常标榜的光辉战绩。

只从这件事上来看，最大的败家似乎就是朱翊钧了。但如果放长远点来看，外廷官僚集团并没有占到多大好处，因为朱翊钧在这件事上学到了"留中不发"这屡试不爽的操作。

后人普遍认为，万历朝的留中就是以此事件为滥觞。

之后，朱翊钧对他感觉不爽的奏折都留中不发，简单来说，就是官员们的奏疏送上去后就泥牛入海，杳无音讯。这类奏疏越来越多，甚至到后面连内阁大臣辞职的奏疏都没了回音，气得大臣直接一走了之，但依然风平浪静，没任何反应。

外廷官员们对此更为不爽，不过他们除了不爽，也没有更好的办法了，只有继续写、继续骂。

在旷日持久的争国本事件中，万历也惯用这一招。

言官们骂完皇帝，却发现那位主根本没反应，将不见人、不批示的宗旨奉行到底。到了后期，甚至连新入阁的官员都不知道皇帝的长相。

官员们总不能冲进宫里找皇帝当面对质吧，所以只能将矛头指向了内阁大臣，认为国本迟迟未定，就是因为他们没有履行好职责，没有让皇帝早点立太子。

这条曲线救国的路线倒是奏效，因为皇帝可以不见官员，但内阁大臣却躲不掉，班还是要上的。他们被骂得受不了，就只能倒逼皇帝早点做决定。

最后经过长期的拉锯战和扯皮，各方都已经心力交瘁，终于在万历二十九年（1601年）十月皇长子被正式立为太子。

这场万历年间，乃至整个明朝有关皇储最为激烈的政治事件终于告一段落，十几年间共逼退了四任内阁首辅（申时行、王家屏、赵志皋、王锡爵），其中赵志皋正好在这个月去世，还没来得及知道这一消息。

郑贵妃与王恭妃，两位母亲的不同人生

不得不说，郑贵妃的确是个精力充沛的女人，为了给她的大儿子朱常洵谋个好未来，使出了浑身解数，斗争不止。不仅在立储之事上，明知冒天下之大不韪而硬是坚持了十五年，在皇长子已经成为太子后仍然心存幻想，坚持闹腾。

皇长子被立为太子的时候，朱常洵也同时被立为了福王，但神宗却坚持以福王的王府庄田"务足四万顷之数"，才肯让其出京就国。

谁都能看出来，开这种没办法满足的条件就是要赖。这一番争论又持续了相当一段时间，直到万历四十二年（1614 年）才迫于舆论压力而就国。当然，神宗将最好的地方——河南洛阳给了福王。

万历二十六年（1598 年）及万历三十一年（1603 年）两次发生的妖书案，以及万历四十三年（1615 年）发生的梃击案，都是围绕着皇储之争发生的幺蛾子。

之所以说幺蛾子，是因为这些事情实在是手段低劣，毫无意义，根本配不上权谋二字。也正因为这些事件过于玄幻，一直找不到合理的逻辑和幕后主使，才会被列为明末悬案。

按照常规逻辑来说，一般可能的最大得利者是谁，谁就是那个最具嫌疑的幕后主使。

这些事件的最大得利者毫无疑问是郑贵妃与福王一伙，因为皇长子朱常洛已经坐上了太子之位，他只需要平平安安地等他父亲驾崩就可以继承皇位，没有必要再整出这些是非，给他本来就不受父皇待见的日子再添烦恼。

更重要的是，有福王和郑贵妃在，太子在宫中过得并不好，身边并没有什么亲信，根本没有力量去遥控操作这些事情。

嫌疑自然就集中在郑贵妃和福王身上，但由于没有更为直接的证据材

料，再加上这些手段的确太过拙劣露骨，很难让人相信这是出自堂堂贵妃之手，怎么看都像是陷害。

但是这种判断是基于人们默认郑贵妃有着较高的认知水平和更聪明的斗争手段，那如果这个前提并不存在呢？

也就是说，人们很有可能高估了郑贵妃的认知水平，以及她作为母亲为了维护儿子利益而能做出的下限。

首先，要完成妖书案和梃击案必须要有一定的组织和人员力量，而且整个链条必须是上达宫廷，下至乡野。

妖书案中对争国本事件的背后情况以及牵涉其中的朝廷高官了如指掌，非朝廷上层官员和宫廷内部人员不能知晓。而且妖书一夜之间就散遍北京城，还专门放在重点人员的家门口，足见参与其中的人员绝非是个别数量，而是有一定的组织计划。

梃击案更是如此，作案人张差是蓟州的一位樵夫，平日里砍柴贩卖为生。他如何从蓟州被带到京城，如何进入皇宫，又如何准确地找到太子寝宫，这一系列动作也必然不是靠个别人就能完成。

其次，在张差的供述中出现的庞保、刘成就是郑贵妃身边的太监。

张差虽然一开始没有说出幕后之人，只说是跑到京城来告状，结果不小心跑进了皇宫。但在之后的审讯中，他供述是庞公公和刘公公养了他三年，并且给了他一把金壶和一把银壶，让他"打小爷"（宫中太监称太子为小爷）。

就是因为审出了这两位太监，才让郑贵妃和她弟弟郑国泰慌了阵脚，最后郑贵妃去向太子求情，太子同意只处理张差，此事就不再追究了。

最后，郑贵妃的家里人在宫外也没闲着，很大可能为她在宫里的活动提供了支持，尽管效果令人尴尬。

郑贵妃的父亲郑承宪、兄弟郑国泰都不是省油的灯，在地方为非作歹，甚至企图染指皇室事务。万历十六年（1588 年）六月，御史陈登云就曾上书弹劾她父亲，"怀祸藏奸，窥觊储贰。日与貂珰往来，绸缪杯酌，且广结山人、术士、缁黄之流。"

这是指责她父亲干了啥呢？我们具体来看。

储贰就是指储君、太子，貂珰是太监，缁黄是道士，这么一看就明白了。这就是说她父亲觊觎插手储君之事，并且与宫里太监来往密切，经常一起喝酒聚餐，而且还广泛结交山人、术士、道士之类的闲杂人等。

我们不难想象，她父亲和她兄弟在家乡北京大兴都干了些什么。为了家族利益，他们的一致目标是将福王弄成未来的天子。所以他们与宫中太监往来，获取内部信息，并借此与郑贵妃保持沟通。同时，广交社会的三教九流之徒，而这些人又借着他们的名义招摇撞骗，甚至都发展出了严密的组织。

在需要的时候，这些依附在周围的人都成了可以发动的力量。

当我们把这几个因素都明晰了以后，差不多就能复盘出万历朝以郑贵妃为代表的一群人在皇储之争中的所作所为。当我们稍稍降低对郑贵妃以及那些依附在她身边那些乌合之众认知水平的判断后，就不会对他们做出那些事情感到奇怪。

因为在那些人的辅佐下，郑贵妃的斗争水平也只能到此了。当然，她本人很有可能并不是直接的指使者和计划者，而是教唆者和纵容者。

有这样的谋略水平，福王毫无意外地没有实现逆袭。在洛阳，福王更是变本加厉地积攒财富，长期的养尊处优把自己养成了几百斤的胖子。到了崇祯末年，已经破败不堪、民不聊生的河南仍然在供养着这位帝国宗室。

崇祯十四年（1641年）正月，李自成率军攻破洛阳，这个曾经深得父亲宠爱，被母亲寄予厚望的皇子陷于起义军之手。李自成将他作为反面典型进行了宣传，据传曾当众斥责他："汝为亲王，富甲天下。当如此饥荒，不肯发分毫帑藏赈济百姓，汝奴才也！"

至于福王的死法，有多种不同的说法。

在民间传说中，李自成将福王与鹿肉一起煮了分给士兵吃，号称"福禄酒"。但根据明末人士的记载以及福王墓的考古发现，可以证明福王被处死后还是被收葬了的。民间的这种传说只是人们对福王戏剧化人生增添了更为戏谑的结局。

讽刺的是，福王生前没有做上皇帝，但他的儿子朱由崧却在南明政权中被拥立为帝，并将他追奉为皇帝，也算是完成了郑贵妃的毕生夙愿。

郑贵妃与王恭妃都是神宗朱翊钧的女人，也都为他生儿育女，成为母亲，但两人出现的不同时机决定了她们迥然不同的人生。

朱常洛的母亲王恭妃出现在正确的时间，为皇室生下了第一个皇子，然而却因为她不是神宗喜欢的女人而一辈子遭受冷落。

郑贵妃是那个正确的人，毫无疑问地受到了神宗的宠爱，但出现在错误的时间，她的儿子只差那么一点就能成为皇长子，让她陷在这个虚无缥缈的憧憬里无法自拔。似乎永远只差那么一点，却怎么都够不着。

万历三十九年（1611 年）去世的王恭妃生前并没有因为是太子生母而享受了什么特殊恩惠。相反，她在世的时候，郑贵妃和福王还一直在宫中，她难免会受到欺凌。

她后来就再也没有见过她的儿子，直到临终垂危之际，朱常洛才被允许去见她最后一面。

此时的王恭妃已经双目失明，她拉着太子的衣服流着泪说，"儿长大如此，我死何憾！"太子悲恸难忍，左右皆泣，莫能仰视。

在那一刻，当她的儿子跪在面前泣不成声，这位母亲心中想起的不再是这么多年来受的苦，而是她初为人母时的欣喜与温暖。

朱常洛在位只有短短的一个月，还没来得及为他的母亲恢复该有的尊荣。等他儿子朱由校即位后，就将王氏追尊为皇太后，并将棺椁迁到定陵内和神宗合葬，并补上了不少随葬品。

当几百年后定陵被打开时，在王氏的随葬器物箱里，还放着三件小姑娘穿过的衣服。这是王氏的另一个孩子——云梦公主穿过的，小公主生于万历十二年（1584 年），但在四岁时就夭折了。

再精美华丽的陪葬品都不及这几件衣服更有温度，它们一直在述说着一个母亲对于儿女最朴素真挚的感情。

苦难终将消弭，繁华终将散场，帝王将相也终归尘土，唯有这份感情能够穿越无限时空。

第八章

亡国身灭——皇帝与官员到底谁耽误了谁

　　明朝历史上第三对兄弟皇帝天启帝朱由校与崇祯帝朱由检终于在快落幕时登场。人们相信，与前面两对兄弟皇帝相比，他们俩更有可能存在真挚的兄弟情谊，为那座冰冷的紫禁城增添了难得的一抹温情。哥哥最后留给弟弟的不只是皇位和勉强支撑的江山，实际上还有制衡的智慧。然而除了勤政，弟弟似乎在治国策略上并没有比哥哥表现出更多优秀的品质，所以他直到十七年后才意识到这笔遗产的可贵。尽管存在这样一种可能，如果朱由检去做其他时间段的皇帝，结局会更好。但可以明确的是，崇祯朝的确有很多次机会可以避免城破国灭的悲剧，都被朱由检完美地避开了。当然，明朝末年的灾害频仍、瘟疫爆发等天灾与土地兼并、边患肆虐等人祸叠加，使原本就孱弱的底层人民完全丧失了生存空间。而一个国家的生命力不在于皇室宗亲的体恤民情，也不在于达官显贵的仁义道德，恰恰在于最普通的老百姓能不能吃口饱饭、安居乐业。所以即使朱由检把握住了那些机会，也不过是让气数已尽的明帝国再苟延残喘一段时间而已。

1. 东林党与魏忠贤，何为清何为浊？

> 风声雨声读书声声声入耳，
> 家事国事天下事事事关心。
>
> ——顾宪成

1620 年 9 月，当载着 102 个不堪忍受国内宗教迫害的英国清教徒的"五月花"号驶往美洲时，在遥远的东方大陆，这个古老帝国刚刚继位的皇帝正在病榻上度过他人生的最后时光。

在正式登基的第二十九天，只有三十八岁的光宗朱常洛就去世了。明帝国的君主似乎再次陷入了活不过四十岁的魔咒。

深宫里的兄弟情

当我们抛开明朝第十四任皇帝这个身份去看朱常洛时，就会发现他真的是度过了坎坷的一生。

虽然贵为皇长子，却长期生活在郑贵妃和弟弟福王的阴影之下，一直得不到应有的待遇，太子之位似乎更是遥不可及。好不容易等到做了太子，身边却幺蛾子不断，能活下来已经算是不容易。

朱常洛做太子的时候，也不需要他辅助父皇处理政务，更不需要他来监国，因为他父皇自己都不怎么勤政。在宫中的日子，他孩子倒是生了不少，一共生了七子十女，听起来倒是子嗣绵延。

可惜，他的孩子身体似乎都不怎么样。

七个儿子中，只有长子朱由校、五子朱由检长大成人，其余的儿子最大的只活到了八岁，有两个甚至出生不久就夭折了。

十个女儿中，只有五女、六女、八女长大嫁人，其余的女儿也都是早夭，最小的一个女儿在他死后才出生，在襁褓中就夭折了，甚至很可能是个死胎。

泰昌元年（1620年）八月初一，朱常洛正式登基，本以为能从此开启他的幸福生活，没想到竟然还是没逃过郑贵妃的坑。

按说朱常洛对郑贵妃应该是没有好感的，但是他继位后却将郑贵妃的内侍崔文升任命为司礼监秉笔，并负责御药房。

郑贵妃"进侍姬八人"，朱常洛也是照单全收，结果不到十天，他就病重。这时又找来崔文升看病，按照医嘱吃了大黄，结果一晚上拉了三四十次，整个人都站不起来了。

之后，他又吃了服鸿胪寺丞李可灼呈献的红丸，虽然服用后感觉很好，但没过多久便驾鹤西去。他的一生只能用悲催二字来形容。

幸运的是，朱常洛留下了两个儿子朱由校和朱由检，而且神宗在万历朝末年也终于封了长孙朱由校为皇太孙，这样倒是让朱常洛的意外去世没有给帝国皇位更替带来冲击。

相比之前朱祁钰与朱祁镇、朱厚照与朱厚熜这两对兄弟，朱由校与朱由检的兄弟感情明显更为真挚。

他们俩虽然是同父异母的兄弟，而且朱由校比朱由检大六岁，但由于两人最初都是由他父亲宠爱的选侍西李抚育（几年后西李生了女儿，照顾不过来，弟弟朱由检便由另外一个选侍东李继续抚养），因此两人也算是打小一起长起来的兄弟。

西李仗着光宗朱常洛的宠爱，欺凌朱由校的生母王氏，王氏临终前还特意留有遗言，"我与西李有仇，负恨难伸。"

此时的朱由校已经是有十几岁了，他亲眼见到了这些事情，所以在即位后他还曾愤愤地将母亲的死算在了西李身上："选侍凌殴圣母，因致崩逝。"

西李养育朱由校并不是出于母性的光辉，只是为了将未来天子霸占在身边，以确保日后的地位。据后来朱由校自己说，"选侍侮慢凌虐，朕昼夜涕泣"，也就是说，西李对他并不好，甚至是苛刻虐待。

但这一点很令人很费解，既然西李是把朱由校作为保险放在身边养育，那为何不能对这未来天子好一点呢，以至于要虐待他？

可能的逻辑解释只有两种，一个是朱由校对西李欺辱其生母记恨在心，所以即使被收养到西李身边，无论西李对他怎样好，也改变不了他心中的仇恨。

另一个可能就是骄纵霸道的西李并没有把这俩孩子放在眼里，以她的认知水平和以往的成功经验，她认为自己有绝对的把握能够掌控这个未来天子。

从光宗死后，那出以西李为主角的"移宫案"来看，第二种可能性更大。

所以在这种不友好的环境下，朱由校和朱由检间似乎更生成了一种患难与共的感情。

"我做几年时，当与汝做"

万历四十八年，也是泰昌元年（1620年），朝臣们粉碎了西李妄图控制朱由校从而坐稳皇太后的企图，迅速拥戴十六岁的朱由校登基。

此时的朱由检只有十岁，他对做皇帝这件事情还没有概念。他有次突然一脸懵懂地问他哥哥朱由校："哥哥，这个官儿我可做得否？"

朱由校的回答说："我做几年时，当与汝做。"

当这一对话出现在深宫帝王家，这是多么温馨的画面啊。

虽然很多细节都淹没在了历史的长河中而无迹可寻，但朱由校对弟弟是真的发自肺腑地照顾。

天启二年（1622年）八月，朱由校封弟弟朱由检为信王，而且让他住在紫禁城里，直到天启六年（1626年）才搬到信王府（如今的北京王府井）。

当时的信王已经十六岁，早就应该离京就藩。但熹宗并没有让他离开京城，而是让他一直留在身边，似乎真的在等着兑现当年的戏谑之言。

天启七年（1627年）八月，朱由校在西苑游船时，不慎跌入水中。虽然被救起，却受到了惊吓，再加上可能的感染，使他本来就不大好的身体更是沉疴难起。

尚书霍维华进献了一种名为"灵露饮"的"仙药"，因其味道清甜可口，朱由校很是喜欢饮用，随后逐渐浑身水肿，最终卧床不起。

亲历者刘若愚在《酌中志》中详细记载了这款所谓"灵露饮"的制作方法，虽然程序复杂，但实际上就是蒸出的米汤。口感当然非常好，不过并没有什么营养，吃这个不会对病情起到任何好转的作用。

当然最后的浑身水肿也不是因为喝了几天米汤。据刘若愚记载，在朱由校的最后那段时间，曾有内侍从皇帝那里带出了几张白连纸，上面写有："鲜血一缕，长二寸余，阔三四分，似肉非肉，似痰非痰，云自万岁爷鼻中出来者，凝结如筋。"

由此来推断，朱由校很有可能是感染了肺炎，之后产生了心脏衰竭，才会导致全身水肿。

预感自己时日无多的朱由校在寝宫召见了弟弟。见面后，他对朱由检说："弟弟何瘦，需自保重。"

接着他又说："来，吾弟当为尧舜。"

当时魏忠贤还在旁边，朱由检怕被魏忠贤抓住把柄，便赶紧趴在地上说道："臣死罪。"之后再也控制不住涕泗横流，对他哥哥说："愿以身代之。"

熹宗听到后非常欣慰，最后说了一句："弟弟爱我。"

次日，熹宗在召见内阁大臣黄立极时，还特意说道："昨天召见了信王，朕心甚悦，身体觉得稍微好些了。"

虽然他们兄弟之间的对话细节都是记载于野史，没有其他史料佐证，有可能只是后人杜撰出来的，但他们的兄弟感情是真实的，而在这种难能可贵的感情之中，这些细节的真实性根本不再重要。

因为我们足以相信，在几百年前的深宫里，这对兄弟的确拥有超越帝王世家的情谊和信任。

哥哥留下的遗产

朱由检顺利地从他哥哥那里接过了皇位，其中并未发生什么波折，大明帝国终于开到了她的最后一站。

朱由检从他哥哥那里接过的不只是皇位，还有满目疮痍、危机四伏的大明帝国，以及看起来不可一世的权宦魏忠贤和看起来噤若寒蝉的官僚集团。

且不论熹宗在临终前特意交代魏忠贤、王体乾对皇帝忠心耿耿可议大事的说法是否真实，只看天启朝魏忠贤及其同党的得势程度，就可以知道熹宗对他的信任程度。

长期以来，人们都认为熹宗软弱无能，无心朝政，只喜欢做木工，所以称其为木匠皇帝。魏忠贤联合熹宗的乳母客氏获取了熹宗的充分信任，在天启年间把持朝政，迫害忠良，祸害苍生，各种黑料数不胜数，使其稳居历代奸宦的榜首位置。

然而从熹宗的成长经历和执政作为来看，他可能有些软弱，但绝对不能算无能。实际上，在他继位之初，就打出了非常完美的两张牌。

一方面，对于杨涟、左光斗、赵南星、高攀龙、孙承宗、袁可立等东林党人，肯定他们在"移宫案"中的迎立之功，将东林党人放在了外廷重要的岗位上。

另一方面，他也重用魏忠贤、王体乾等有野心、有能力的内官。他深知，当内廷与外廷实现完美制衡，最大的受益者就是他自己。

到了天启三年（1623 年），他将东厂交给魏忠贤。这就是给了魏忠贤一柄最锋利的剑，而剑锋所指正是那些自我感觉越来越好的外廷官员。

之后以魏忠贤为首的内臣，也就是文人们口中的阉党，与东林党人进行了激烈的斗争，最终以魏忠贤的全方位胜利、东林党人付出惨痛代价而告终。

这种完全一边倒的斗争形势，如果没有熹宗的默许，甚至是授意，仅靠文人们所说的魏忠贤乘着皇帝在做木工的时候蒙混过关是根本不可能实现的。

要知道，当杨涟弹劾魏忠贤二十四条大罪的奏疏呈上来以后，魏忠贤也是惊慌失措，感到大难临头，只能跑到熹宗那里一把眼泪一把鼻涕地哭诉了。

也就是说，熹宗完全可能是有意通过内臣与外臣的斗争，从而保证朝政的平衡和皇权的稳定。虽然这种做法很难说对社会发展起到了多大的积极作用，但对皇帝来说，这属于帝王权术中的常规操作。

阉党也好，东林党也罢，无论是说着为主子分忧的口号，还是标榜为

这个明史超有料

民请命的正道，其真实的内核无非是为了自己的利益。所以他们要在皇帝面前争取更多的话语权，因为皇帝才是那个最终掌握资源分配的决定者。两边都要保持为皇帝所用，谁要是越界谁就会被清退。

正如《大明王朝1566》这部电视剧中，编剧借嘉靖帝说的那段话："古人称长江为江，黄河为河。长江水清，黄河水浊，长江在流，黄河也在流。古谚云：圣人出，黄河清。可黄河什么时候清过？长江之水灌溉了两岸数省之田地，黄河之水也灌溉了数省两岸之田地，只能不因水清而偏用，也只能不因水浊而偏废，自古皆然。这个海瑞不懂这个道理，在奏折里劝朕只用长江而废黄河，朕其可乎？反之，黄河一旦泛滥，便需治理，这便是朕为什么罢黜严嵩、杀严世蕃的道理。再反之，长江一旦泛滥，朕也要治理，这便是朕为什么罢黜杨廷和、夏言，杀杨继盛、沈炼等人的道理。"

熹宗明白这个道理，并且也付诸了实践，尽管因为主导了文官的惨败而使得自己在历史上留下了骂名，但起码让帝国在同样内忧外患的困境下勉强维持而不至于崩溃。

可惜他弟弟朱由检只看了表象，没有看到内在，更没有在意他临终前那句魏忠贤、王体乾忠心耿耿可商国是的深意。

在他即位后，很快就在外廷官员的发动下，迅速将魏忠贤等阉党清理干净，文官们再次取得了压倒性胜利。他们当然要把这件事当作朱由检的丰功伟绩予以歌颂，将一切溢美之词都给了这个年轻的天子。

此时的朱由检沉浸在巨大的成就感之中，在文官们一致的赞美声中，他自然将毫无惊险地扳倒魏忠贤归结为自己的高明手段。

可能他的脑海中有那么一瞬间闪过这些疑问，为什么那个看起来权势熏天的魏忠贤会甘愿自缢身亡呢？为什么阉党连一点像样的反击都没有？

不过他很快就将这些疑问抛之脑后，直到十七年后他才恍然大悟，只是为时已晚。

相传，魏忠贤在得知朝廷已经派人来逮捕他的时候，正歇息在一家旅店，旁边有位白姓秀才也知道魏忠贤即将大难临头，便唱了一首《挂枝儿》给他。清初史家计六奇在《明季北略》中完整记录了这首曲子，并在最后写道："忠贤闻之，益凄闷，遂与李朝钦缢死。"

正因此，这首曲子也被称为《五更断魂曲》。

"……九卿称晚辈，宰相为私衙。如今势去时衰也，零落如飘草。城楼上，敲四鼓，星移斗转。思量起，当日里，蟒玉朝天。如今别龙楼，辞凤阁，凄凄孤馆。鸡声茅店里，月影草桥烟。真个目断长途也，一望一回远。闹嚷嚷，人催起，五更天气。正寒冷，风凛冽，霜拂征衣。更何人，效殷勤，寒温彼此，随行的是寒月影，吆喝的是马声嘶。似这般荒凉也，真个不如死！"

2. 君王死社稷，亡国真有如此悲壮吗？

收拾残破费经营，暂驻商洛苦练兵。

月夜贪看击剑晚，星晨风送马蹄轻。

——李自成《商洛杂忆（崇祯十二年五月）》

当我们的目光投向晚明的时候，有一点必须要保持清醒，那就是大明的最后一任皇帝朱由检并不是从登基的那一刻就知道大明国祚只剩下了十七年，他的头顶上并没有一个倒计时钟在提醒着还剩下多少时间。

在他的意识中，并没有觉得这个偌大的帝国已经行将就木。在他看来，国家只是存在一些积重难返的隐患和急需镇压的叛乱，他的目标当然是使古老的明帝国实现中兴。

所以，我们万不能以上帝视角去审视晚明社会和崇祯君臣，随意地去指责他们的行为，表现出一种"怎么能如此自掘坟墓"的无端愤慨。

这既毫无意义，也不能体现出我们的过人之处。

无处安身的帝国子民

自万历朝以后，帝国就陷入了内外交困、双线作战的泥沼之中。

帝国的内陆，由于土地兼并、自然灾害、鼠疫流行等多重因素的叠加，导致流民起义四起，内陆地区基本没有完土。高迎祥、张献忠等人已经是起义的集大成者，等到李自成接任闯王更是将起义推向了最高潮。

帝国的边关，最大的威胁悄然从北方的蒙古，转移到了东北方的女真。

爱新觉罗·努尔哈赤凭借着天时地利人和，在李成梁有意扶植、高淮乱辽导致辽人投奔、辽东军力被抽调到朝鲜战场等多种有利条件的加持下，短短几十年间就统一了女真各部，更是在万历朝末年的萨尔浒战役中重挫帝国军队，以辽东一隅建立起了足以与大明帝国相抗衡的力量。

当然，他也只能是抗衡，真正要入关掀翻大明朝取而代之，他自己都知道这是不现实的。

在天启朝，由于两方势力还处在发展阶段，再加上朱由校还算理智，在施政、用人等方面能够一以贯之，保证了朝廷的大方向不会出错。因此，两方势力并未掀起多大风浪，高迎祥可能还在陕西种着地，李自成还在银川做驿卒，宁远一战中明廷则大大挫败了努尔哈赤的锐气和实力，他在不久后就去世了。

到了崇祯朝，随着各地起义如火如荼地蔓延开来，东北的后金在继承人皇太极的带领下再次卷土重来，两股势力竟然一下子形成了围攻之势。

崇祯君臣面对攘外和安内的急迫难题，必须要做出他们的选择。

实际上，张居正在几十年前就已经作出过回答，他将"固邦本"作为基本国策，并提出"欲攘外者必先安内"的观点。当崇祯九年（1636年）杨嗣昌被任命为兵部尚书时，他和张居正是持同样的观点。

杨嗣昌建议先集中力量解决内部的起义，为此他提出了"四正六隅十面张网"的战略计划。

"四正"是指陕西、河南、湖广、凤阳四个正面战场，以围剿为主防御为辅。"六隅"是指延绥、山西、山东、应天、江西、四川六个侧面战场，以防御为主围剿为辅。这样就形成了"十面张网"密不透风的围猎之势。

起义军本来就是乌合之众，在这种强势围剿下根本没有招架之力。崇祯十年（1637年）十二月，张献忠被迫投降。崇祯十一年（1638年）六月，在潼关南原大破李自成部，李自成只剩十八骑逃往商洛山中。

眼看镇压起义已经取得了基本胜利，然而此时皇太极发兵进攻，崇祯帝没有采纳杨嗣昌提出的暂时与大清议和以换取时间彻底平息内乱的建议，而是将洪承畴、孙传庭等人的平叛大军调往北方与皇太极作战。

随着帝国战略重心的转移，张献忠、李自成获得了难得的喘息机会。他们在民间的号召力远远强过官方政府，很快在半年时间里就重新恢复了元气。此后，张献忠入四川，李自成入河南。

错过了这次时机，帝国再也没有能力对他们进行大规模的围剿。

然而，投入北方战线的帝国军队非但没有击退皇太极，反而被拖入了一场持续两年的松锦之战。

发生在崇祯十三年（1640年）到崇祯十五年（1642年）的松锦之战以清军围困锦州为序幕，以清军攻陷松山城、俘虏明军主帅洪承畴为终章。

经此一战，明朝在辽东倾尽举国之力打造的防御体系彻底崩溃，关外的城池只剩孤城宁远，由吴三桂率领剩余的三万残兵退守于此。

此后，朱由检又将目光转向了帝国内陆。崇祯十六年（1643年），孙传庭被任命为兵部尚书，主要的任务就是负责平定内乱。

此时的帝国只剩下了孙传庭这唯一的一根救命稻草。

当时就已经有人看清了这个局势，兵部侍郎张凤翔"进言孙传庭所有皆天下精兵良将，皇上只有此一副家当，不可轻动"。

但急切的崇祯帝等不及孙传庭休整，便催促他出战。结果，大军在汝州被李自成打败，明军四万余人战死，损失无数兵器辎重。

经过汝州一战，明廷彻底失去了所有家当，只能坐以待毙。所以后人认为，传庭死，而明朝亡。到了崇祯十七年（1644年），朱由检只能以君王死社稷来为自己亡国之君的身份挽回些许尊严。

岁月静好的帝国皇室

明朝覆灭后，散落民间的那些内臣女眷则成为了帝国皇室日常的最后见证者。他们将所见所闻的深宫逸事传播于民间，然后再由文人们记录下来，便有了《崇祯宫词》这样的书籍。

得益于此，我们反而能看到更为真实的帝国末日下的皇室景象。

在朱由检的后宫之中，有存在感的大抵也就周皇后、田贵妃、袁贵妃三人。

人们对周皇后的总体评价很高，在史书记载中，她不仅拥有美丽容颜，更具有勤俭节约、仁心贤德等品德。在北京城破后，她也随着皇帝毅然以身殉国。

在穿着打扮上，她会穿旧衣，也不拘小节。宫眷岁节朝贺，都会穿纮靴或者缎靴，而唯独周皇后穿棉鞋，从不穿靴。

崇祯初年，每当夏天，除了皇帝穿纯白的夏衣外，没有人敢穿纯素的衣服。有一天，周皇后以白纱为衫，不加修饰。皇帝看见了，笑着说："此真白衣大士也！"从此以后，宫中女眷才敢穿纯素夏衣。

周皇后肌肤白皙，不用涂抹化妆，田贵妃也是如此，其余的女眷都比不了。懿安皇后从宫外传入"珍珠粉"，就是由紫茉莉研细蒸熟而得。宫中女眷知道皇帝只喜欢茉莉香，所以都用这款"珍珠粉"。皇帝不喜别人涂抹化妆，每当看见宫中施粉稍重者，会笑着说："浑似庙中鬼脸。"

可能是为了迎合皇帝，周皇后在坤宁宫中种了六十余株茉莉，每天早上摘花簇成球，带在头发上。凡是穿着衣物，都会用茉莉花熏香。

周皇后偶尔也会有些小性子。有次，她不小心惹到皇帝生气，被皇帝骂了几句，结果她也气不过，但是又不能直呼皇帝名讳，于是就一直叫道"信王！信王！"以此来撒气。

还有一次，两人一时语急起了争执，皇帝一下子将她推倒在地。身体瘦弱的周皇后从来没有受过如此屈辱，气得卧床好几天，甚至要绝食自杀。皇帝这下也不得不服软，特意赐给她一床貂皮褥子以示关爱，才让周皇后消了这口气。

有一年夏天，周皇后穿着珍珠暑衫，每珠五粒，簇一宝石为梅花缀于衫上。乘她对镜梳洗的时候，皇帝在身后不断挑逗她，她便伸手去拨开。这一幕恰好被送瓜进来的内侍撞见了，周皇后为此还很懊恼皇帝。

坤宁宫中有一个侍候皇帝的小太监，有天皇后问他识不识字，他回答说不识，皇后便写了几个字教他。过了一会儿，皇后再问，他却一个都没记住，皇后就让他罚跪。皇帝看见了，笑着说："我请先生放你一马，怎么样？"皇后佯嗔道："坏了学规。"这个小太监赶紧谢恩起来了。

她有时也会拿出皇后的架子给后宫的妃子们做做规矩。有一年正月朝贺，她觉得田贵妃有些恃宠而骄，于是决心给她点颜色。当田贵妃来拜见她的时候，她一直不出来，让田贵妃的车驾在外面等了好久。之后出来接见的时候，也表现得很冷淡，没有多说一句话。但之后袁贵妃来朝贺的时候，她故意很热情地接见，两人聊了好一会儿。田贵妃事后听说这事后，还到皇帝那里哭诉。

有次，袁贵妃无意中惹怒了周皇后。而恰好那天晚上，皇帝去了袁贵妃的翊坤宫。皇后知道后，第二天故意问皇帝，"昨宿于何处。"皇帝估计也知道了她们俩的小插曲，支支吾吾了好一会儿，才蹦出一个字"袁"。皇后假笑了一下，皇帝也只能默然不语了。

至于袁贵妃，野史中记载她性情温和，与周皇后、田贵妃等人都相处得很融洽。有天晚上，袁贵妃待在月下，穿着浅绿色的绫子，皇帝看到后说："此特雅倩！"并特意起了个名字叫"天水碧"。于是宫眷都开始流行这样打扮，绫价一时昂贵。《崇祯宫词》中对此有诗云，"宫绫浅碧镇相夸，瑟瑟波纹漾月华。一自御前邀奖后，衬衣不羡海天霞。"

至于田贵妃，毫无疑问她是崇祯帝最喜欢的女人。野史中记载她心灵手巧，才华非凡，琴棋书画样样精通，甚至蹴鞠骑射也是无所不能。

她曾因崇祯沉迷于苏州女乐，而特意上书给崇祯督促他勤勉政务："当今中外多事。非皇上燕乐之秋。"皇帝还给书了批复，"久不见卿，学问大进。但先朝有之，既非朕始。卿何虑焉。"这种奏疏形式本来就不大出现在皇帝与后宫妃子之间，但从这一来一回的内容上来看，更多的是一种鸾凤和鸣式的情调与浪漫，而非正经的上奏谏言。

崇祯帝曾经亲自谱了"访道五曲"，即敲爻歌、参同契、据桐吟、崆峒引和烂柯游，经常让田贵妃弹奏。宫中有位选侍，也想学琴。皇帝知道后，便嘱咐田贵妃悉心教导，并称之为"入室弟子"。田贵妃不仅琴弹得好，笛子也吹得很好，崇祯帝称赞有"裂石穿云"的效果。

田贵妃与崇祯帝生了四个儿子，足见她深受宠爱。但遗憾的是，除了大儿子活了下来，其余的孩子都早夭了。她也因此悲痛不已，加上病重缠身，于崇祯十五年（1642 年）农历七月十五日中元节去世了。崇祯帝非常想念她，把田贵妃的画像和母亲刘太后的画像一起放在长椿寺供奉。

宫廷外的漫天战火与宫廷内的岁月静好形成了巨大的反差，处在暴风眼中心的紫禁城享受了最后一段平静时光。任何人都无法去苛责他们什么，在大厦最后倾倒前，日子还得继续往前过，无论是帝王家，还是百姓家。

当那一刻最终到来的时候，那些无辜而平凡的后宫女眷也选择了和皇帝一样，用最惨烈的方式为这个帝国画上句号。